明代曲学家
蒋孝研究

陈浩波·著

文化藝術出版社
Culture and Art Publishing House

图书在版编目（CIP）数据

明代曲学家蒋孝研究 / 陈浩波著. -- 北京：文化艺术出版社，2020.12
 ISBN 978-7-5039-7059-7

Ⅰ.①明… Ⅱ.①陈… Ⅲ.①蒋孝—人物研究 Ⅳ.①K825.78

中国版本图书馆CIP数据核字(2021)第000408号

明代曲学家蒋孝研究

著　　者	陈浩波
责任编辑	廖小芳
责任校对	邓　运
书籍设计	姚雪媛
出版发行	文化藝術出版社
地　　址	北京市东城区东四八条52号（100700）
网　　址	www.caaph.com
电子邮箱	s@caaph.com
电　　话	（010）84057666（总编室）　84057667（办公室） 　　　　　84057696—84057699（发行部）
传　　真	（010）84057660（总编室）　84057670（办公室） 　　　　　84057690（发行部）
经　　销	新华书店
印　　刷	国英印务有限公司
版　　次	2024年9月第1版
印　　次	2024年9月第1次印刷
开　　本	710毫米×1000毫米　1/16
印　　张	13.75
字　　数	219千字
书　　号	ISBN 978-7-5039-7059-7
定　　价	68.00元

版权所有，侵权必究。如有印装错误，随时调换。

国家社科基金艺术学一般项目
"《旧编南九宫谱》笺注与蒋孝生平研究"(批准号:18BB029)

目 录

绪　论 ………… 1

　　第一节　研究对象说明 ………… 3

　　第二节　学术史回顾 ………… 4

　　　　一、对于《旧编南九宫谱》的利用与研究 ………… 5

　　　　二、对蒋孝生平的考索 ………… 8

　　第三节　研究思路与研究方法 ………… 9

　　　　一、充分且合理利用数据库 ………… 10

　　　　二、强调不同材料间的互相印证 ………… 10

　　　　三、以历史和逻辑的眼光看待事物 ………… 11

　　　　四、研究从细节入手 ………… 12

　　第四节　研究目标与创新之处 ………… 12

第一章　蒋孝生平研究 ………… 15

　　第一节　蒋孝生平考略 ………… 17

　　　　附一：顾起经《白鹤词》 ………… 25

　　　　附二：无锡惺泉里第、万寿宫考 ………… 26

第二节　中晚明社会文化氛围下的蒋孝 ………… 28

　　　　一、明初崇元之风与明中后期社会生活的巨变 ………… 28

　　　　二、明人的改编风气与蒋孝私家刻书 ………… 33

　　　　三、明人复古思潮中的蒋孝诗歌创作与诗学主张 ………… 41

　　　　附：虞守愚《陶集叙》、薛应旂《刻中唐诗序》 ………… 50

第二章　蒋孝曲学著作考述 ………… 53

　　第一节　蒋孝与《新编南九宫词》 ………… 55

　　第二节　《旧编南九宫谱》与《新编南九宫词》的版本以及
　　　　　　庋藏情况 ………… 61

　　　　一、《旧编南九宫谱》与《新编南九宫词》的版本情况 ………… 61

　　　　二、《旧编南九宫谱》与《新编南九宫词》的庋藏情况 ………… 63

　　　　三、天一阁藏本《旧编南九宫谱》 ………… 67

　　第三节　《旧编南九宫谱》与《新编南九宫词》的命名与
　　　　　　历史定位 ………… 73

　　　　一、《旧编南九宫谱》与《新编南九宫词》的命名 ………… 73

　　　　二、《旧编南九宫谱》与《新编南九宫词》的历史定位 ………… 75

第三章　《旧编南九宫谱》与《新编南九宫词》的编纂特色 ………… 81

　　第一节　《旧编南九宫谱》与《新编南九宫词》的曲文来源 ………… 83

　　　　一、《旧编南九宫谱》的曲文来源 ………… 83

　　　　二、《新编南九宫词》的曲文来源 ………… 85

　　第二节　从【绛都春】"团团皎皎"套看《旧编》《新编》的
　　　　　　编纂方式 ………… 92

第三节　蒋孝在编纂中所体现的曲学思想 ………… 105
　　一、集曲著录方式的创新 ………… 105
　　二、小注中体现蒋孝的曲学思想 ………… 108
　　三、《南小令宫调谱序》中的曲学思想 ………… 120

第四章　蒋孝及其曲谱在曲学史上的意义与影响 ………… 123
第一节　《南九宫谱》《十三调谱》的成书时代 ………… 125
　　一、两谱分别成于明初与元初 ………… 125
　　二、《十三调谱》《南九宫谱》与《南词叙录》所述宫调观念辨析 ………… 132
第二节　从《十三调谱》看南曲宫调的发展与演变 ………… 137
　　一、燕乐调名数量的递减 ………… 137
　　二、从《十三调谱》中"互用""出入""亦在"等标注看宫调的嬗变 ………… 142
　　三、【高平调】之下曲牌用作【赚】 ………… 154
　　附：从【高平调】看《九宫正始》所据之"元谱"系伪托 ………… 159
第三节　"六摄十一则"释义 ………… 160
　　一、"六摄十一则"研究史概述 ………… 160
　　二、"六摄十一则"研究的目标与方法 ………… 164
　　三、"摊破"与"二犯至七犯"释义 ………… 165
　　四、"赚"与"赚犯"释义 ………… 165
　　五、"道和"释义 ………… 168
　　六、"傍拍"释义 ………… 183
　　七、"六摄十一则"的功用 ………… 196

第四节　蒋孝及其曲谱在曲学史上的意义 ………… 199

结　语 ………… 202
参考文献 ………… 204

绪论

第一节 研究对象说明

本书聚焦明代嘉靖间人蒋孝，考察其生平事迹、诗文创作、诗学主张、书籍刊刻等情况，并重点围绕他编刻的《旧编南九宫谱》深入探讨其在曲学领域所取得的成就。

需要说明的是，明嘉靖二十八年（1549）蒋孝三径草堂原刻本《旧编南九宫谱》实际上包含了三个既有联系又有区别的部分[①]：一、明前期[②]的《南九宫谱》（《南九宫》）；二、元初[③]的《十三调南曲音节谱》（《十三调》）；三、蒋孝据《南九

[①] 这里对这三个部分进行明确的区分，有助于我们厘清其中渊源嬗递之关系，更好地认识这本曲谱的价值。
[②] 此年代最早由青木正儿在1931年推定，参见[日]青木正儿《中国近世戏曲史》，王古鲁译著，中华书局2010年版，第405页。后钱南扬进一步指出"《十三调谱》近宋，《九宫谱》近明"。参见钱南扬《曲谱考评》，《文史杂志》1944年第4卷第11、12期合刊；另载钱南扬《汉上宦文存续编》，中华书局2009年版，第207页。
[③] 关于《十三调南曲音节谱》的成书时代有"元中叶说""南宋说""明初说"等，本书认为其产生于元初，详见第四章第一节。

宫谱》每调选一词辑成的正文《旧编南九宫谱》。虽然《南九宫谱》《十三调南曲音节谱》并非蒋孝所作，但两谱因为蒋孝编刻《旧编南九宫谱》才得以保存，所以本书也将其归于研究范畴之内。在通常情况下，我们可以笼统地说蒋孝的《旧编南九宫谱》，但在讨论具体问题时对其中包含的三个不同时期的部分应有所区分。

为避免行文繁冗，本书使用如下缩略语指称一些曲谱、曲集：

《十三调谱》：指蒋孝《南小令宫调谱序》中所说的陈氏、白氏所藏《十三调》谱，亦即《十三调南曲音节谱》；

《南九宫谱》：指蒋孝《南小令宫调谱序》中所说的陈氏、白氏所藏《九宫》谱；

《旧编》：指《旧编南九宫谱》全书（包括《南九宫谱》《十三调谱》以及蒋孝据《南九宫谱》每调选一词辑成的正文）；

《蒋谱》：指《旧编南九宫谱》中蒋孝据《南九宫谱》每调选一词辑成的正文（不包含《南九宫谱》《十三调谱》）；

《新编》：指《新编南九宫词》；

《沈谱》：指《增订查补南九宫十三调曲谱》。

第二节　学术史回顾

从戏曲史的角度来看，蒋孝处于"明人改本戏文"[①]阶段的末期，此时的南戏

[①] 参见孙崇涛《明人改本戏文通论》，《南戏论丛》，中华书局2001年版，第116页。此文总括有明前二百年戏文特点，提出"明人改本戏文"这一概念，很好地区分了南戏发展史的不同阶段，为我们的讨论提供了参照系。

在创作、演出、理论等诸多方面均处在重要的转捩时期。作为现存最早的一本配有曲文的南曲谱，《旧编南九宫谱》上承《南九宫谱》《十三调谱》，下启沈璟《增订查补南九宫十三调曲谱》，它既承续了元代及明代前中期的曲学传统[①]，又影响着后世南曲谱的发展方向。[②] 晚明以降的曲学文献中与之有关的讨论、利用与研究也在在可见，因此，蒋孝及《旧编》在曲学史上自有其独特之地位。

一、对于《旧编南九宫谱》的利用与研究

万历年间沈璟的《增订查补南九宫十三调曲谱》乃是以《旧编》为基础增订而成，王骥德说《沈谱》"增补新调之未收者，并署平仄音律……较蒋氏旧谱大约增益十之二三"[③]。今天我们从学术史的角度来看，《沈谱》可视作戏曲史上首次对蒋孝《旧编》的系统利用。继沈璟之后，王骥德在万历末年写的《曲律》中亦多次提及蒋孝，并于书中收录了《旧编》的目录。由于在此后相当长的一段时间内治曲者大多无法看到《旧编》原书，故而王骥德此举为后世的曲学研究提供了极为有用的线索。

青木正儿于1931年成书的《中国近世戏曲史》[④]中，在未亲眼获见《旧编》的情况下，仅靠着《沈谱》及《曲律》等文献中有限的记载，就写出了"沈璟之《南九宫十三调曲谱》与蒋孝之《九宫》《十三调》二谱"一章。该文既阐明了蒋、沈二谱之渊源关系、《九宫谱》《十三调谱》时代问题，复得纠正董康《读曲丛刊》

[①] 从历时的角度看，这种对传统的承续表现为《旧编》（包括《南九宫谱》与《十三调谱》）为我们提供了宋末元初至明代前期的宫调曲牌信息，反映了这一历史阶段的曲学发展情况。
[②] 《旧编》对《沈谱》的影响自不必说。另有其他影响，比如钱南扬早在1930年《论明清南曲谱的流派》一文里所指出的：后世曲谱宫调的排列不是始【黄钟】，就是始【仙吕】，这便是直接受《十三调谱》与《旧编》的影响。参见钱南扬《汉上宦文存续编》，中华书局2009年版，第170页。
[③]（明）王骥德著，陈多、叶长海注释：《曲律注释》，上海古籍出版社2012年版，第63—64页。
[④][日]青木正儿：《中国近世戏曲史》，王古鲁译述，商务印书馆1936年版。

中以为《旧编南九宫目录》乃徐渭所著之错误。青木正儿的做法是以《读曲丛刊》所收所谓徐渭本《十三调南曲音节谱》与王骥德《曲律》所收蒋氏《十三调南曲音节谱》相比勘，发现两者实际是同一目录，故《旧编》应是蒋孝所作。他再将《南九宫谱》与《十三调谱》与"隋唐燕乐二十八调"以下诸调相对照，得出"'十三调'为古，而'九宫'为新也"①的结论。他又对比"十三调"与"九宫谱"的差异，进一步"推定《十三调谱》约于元中叶时所制定，而《九宫》则于明初时所制定者也"②。青木正儿还准确地推测了"陈、白二氏所传原谱，均仅有其目而无其辞。蒋氏得之，仅采用《九宫谱》，而补之以曲辞，但对于《十三调谱》，绝未着手，已如上述。盖蒋孝之时，《十三调谱》中，已不仅有不能供实用之宫调，且因难求曲辞之曲目过多，故搁置之如旧"③。

而后王古鲁从《国立北平图书馆图书展览会目录》④中得知当时国立北平图书馆藏有万历何钫刻本《旧编南九宫谱》，遂抄录此书，并于1933年著文《蒋孝〈旧编南九宫谱〉与沈璟〈南九宫十三调曲谱〉》⑤刊于《金陵学报》。王氏又另作《国立北平图书馆所藏之蒋孝〈旧南九宫谱〉》一文，两文亦作为附录收入他于1936年翻译出版的青木正儿《中国近世戏曲史》之后。王古鲁在这两篇文章中，利用当时能得到的所有材料——何钫刻本《旧编南九宫谱》与《沈谱》以及王骥德《曲律》，对《旧编南九宫谱》的异文做了详尽的校勘，此为其一大贡献。

到了1948年，隋树森看到了当时中央图书馆收藏的嘉靖本《旧编南九宫谱》——此版即是蒋孝原刻，较之万历本更善——隋氏遂写就《嘉靖本旧编南九宫谱》一文⑥，文中他凭借嘉靖本解决了青木正儿、王古鲁研究中所提出的诸如目

---

① ［日］青木正儿：《中国近世戏曲史》，王古鲁译著，中华书局2010年版，第401页。
② ［日］青木正儿：《中国近世戏曲史》，王古鲁译著，中华书局2010年版，第405页。
③ ［日］青木正儿：《中国近世戏曲史》，王古鲁译著，中华书局2010年版，第408页。
④ 国立北平图书馆编：《国立北平图书馆图书展览会目录》，1930年。
⑤ 王钟麟：《蒋孝〈旧编南九宫谱〉与沈璟〈南九宫十三调曲谱〉》，《金陵学报》1933年第3卷第2期。
⑥ 《文史杂志》1948年第3期。

录、误刻等问题。

在曲文辑佚方面。1934年钱南扬《宋元南戏百一录》①中已经开始利用《旧编南九宫谱》②开展宋元南戏的辑佚工作，此项工作在1956年出版的《宋元戏文辑佚》③中得到继续。这里还需提一下《新编南九宫词》，以往的学者多将《新编》孤立地看待，对它的研究与利用还不够充分。虽然赵景深1934年《宋元戏文本事》辑录了《新编》中的曲文④，钱南扬的《宋元戏文辑佚》也利用到了《新编》⑤。但是，赵、钱两人都未将此书与蒋孝联系在一起。

1964年，钱南扬在《论明清南曲谱的流派》一文中将南曲谱分成两大流派，"一派能够实事求是，穷源竟委，折衷至当；一派不脱明代文人习气，往往粗枝大叶，凭空武断"⑥。他将《旧编》归为"粗枝大叶"一派，认为蒋孝的"写作态度是很草率的，也不问原始资料的是否可靠，也不问曲调的是正格还是变格，胡乱找一支曲子就算"⑦。可见钱氏对《旧编》是持着较为负面的态度。这也代表了学界一种长期存在的认识，此种认识基于对曲谱实用价值的评判。由于曲谱多是后出转精，故而站在服务填词作曲这种实用的角度来看，自然会使后人对产生时代较早的《旧编》存有偏见。但是如果考虑其文献价值，特别是对于我们今天所开展的曲学史、曲谱史研究而言，《旧编》无疑具有其他后出曲谱无法取代的重要意义。因此，我们对《旧编》应抱有一种"同情之理解"。在钱文刊布整整

---

① 钱南扬：《宋元南戏百一录》，哈佛燕京学社1934年版。
② 据书后参考书目可知，钱南扬所利用的亦是万历何钫刻本《旧编南九宫谱》。
③ 钱南扬辑录：《宋元戏文辑佚》，上海古典文学出版社1956年版。
④ 赵氏在序中云："所据的书很有限，只是从《南九宫谱》《新编南九宫词》《雍熙乐府》以及《九宫大成南北词宫谱》这四部书里把宋元戏文分类辑录出来。"其中《南九宫谱》实指沈璟《增订查补南九宫十三调曲谱》。
⑤ 根据参考书目可知，钱氏1934年的《宋元南戏百一录》尚未利用到《新编南九宫词》，直至《宋元戏文辑佚》方利用《新编南九宫词》。
⑥ 原载《南京大学学报》1964年第2期，后收入钱南扬《汉上宧文存续编》，中华书局2009年版，第164页。
⑦ 钱南扬：《汉上宧文存续编》，中华书局2009年版，第178页。

30年后的1994年，这种"理解"方才在周维培发表的《蒋孝与他的〈旧编南九宫谱〉——兼说陈白二氏〈九宫〉〈十三调〉谱目》①中得到了贯彻。在该文之后《旧编》(包括《十三调谱》《南九宫谱》)的研究价值逐步得到了学界的重视，特别是近些年来，又有多篇与《旧编》有关的研究论文问世。2015年黑龙江大学魏洪洲博士学位论文《明清戏曲格律谱研究》中一章"蒋孝《旧编南九宫谱》考论——兼论《九宫谱》《十三调谱》与南曲宫调产生"对《旧编》版本、谱式、宫调等问题进行了较细致的讨论。2020年毋丹《古代曲论与曲谱中"摄""则"新辨》②、2021年王倩《〈旧编南九宫谱〉带"犯"字曲牌考释》③、2021年扬州大学王倩硕士学位论文《蒋孝〈旧编南九宫谱〉研究》、2023年陈浩波《"六摄十一则"新探》④均对《旧编》中包含的一些曲学重点、难点问题作了全新的解读和考释。

二、对蒋孝生平的考索

历来治曲者对蒋孝的生平事迹知之甚少。早在明代万历年间，王骥德《曲律》提及蒋孝时便说："其书世多不传，恐久而遂泯其人，略志所目。"⑤可见，至迟到17世纪初⑥蒋孝其人其作已鲜为人知，而后近四百年更少有人留意。到了当代，方有周维培《蒋孝与他的〈旧编南九宫谱〉——兼说陈白二氏〈九宫〉〈十三调〉谱目》一文对蒋孝生平事迹作了百余字的叙述：

---

① 周维培：《蒋孝与他的〈旧编南九宫谱〉——兼说陈白二氏〈九宫〉〈十三调〉谱目》，《艺术百家》1994年第2期。
② 毋丹：《古代曲论与曲谱中"摄""则"新辨》，《戏曲艺术》2020年第4期。
③ 王倩：《〈旧编南九宫谱〉带"犯"字曲牌考释》，《当代音乐》2021年第4期。
④ 陈浩波：《"六摄十一则"新探》，《戏曲艺术》2023年第4期。
⑤ (明)王骥德著，陈多、叶长海注释：《曲律注释》，上海古籍出版社2012年版，第61页。
⑥ 王骥德于1610年开始写作《曲律》。参见叶长海《王骥德〈曲律〉研究》，中国戏剧出版社1983年版，第27页。

综合方志、笔记有关记载，仅知蒋孝字惟忠，嘉靖23年甲辰科第三甲第74名，授户部主事，有《蒋户部集》一种，已佚。蒋孝是一个留意文献的官僚文人，曾于嘉靖25年校刊宋汤汉所笺《陶靖节集》十卷，29年辑刻《中唐十二家诗集》。据笔者所见资料，蒋氏似无戏曲、散曲方面的创作活动，《曲律》也称"蒋氏元不谱曲"。①

不过在这段文字中也存在一处疏误，经核对《明清历科进士题名碑录》②《皇明贡举考》③《皇明进士登科考》④这三种不同来源的文献，蒋孝皆列于"第二甲"。可知，蒋孝的科第排名实际应为"甲辰科第二甲"而非"甲辰科第三甲"。

而到了各种材料更易获知的2014年，陈浩波《蒋孝的生平及其著作》⑤首次明确了蒋孝的生年，并考察出了他仕宦、出版等事迹。其后的几篇论文对蒋孝生平的考述大抵没有更新的发现。

第三节　研究思路与研究方法

纵观以往对蒋孝及其曲谱的研究，其深度与广度远不及以《沈谱》为代表的后出曲谱。这一方面因历代学人对蒋孝及其曲谱价值认识尚有不足，另一方面

---

① 周维培：《蒋孝与他的〈旧编南九宫谱〉——兼说陈白二氏〈九宫〉〈十三调〉谱目》，《艺术百家》1994年第2期。另见周维培《曲谱研究》，江苏古籍出版社1999年版，第92页。
② 《明清历科进士题名碑录》，台湾华文书局1969年影印本，第753页。
③ （明）张朝瑞：《皇明贡举考》卷七，北京大学图书馆藏明万历间刻本，《续修四库全书》，上海古籍出版社2002年影印本，史部，第828册，第458页。
④ （明）俞宪辑：《皇明进士登科考》卷十一，台湾学生书局1969年影印本，第832页。
⑤ 叶长海主编：《曲学》第二卷，上海古籍出版社2014年版，第487—502页。

也由于对相关史料的挖掘尚未深入。因此，本书在展开研究之前，首先面对的是如下三个问题：一、如何进一步开掘相关史料；二、如何在史料有限的情况下考证相关史实；三、如何在考证的基础上评价蒋孝及其曲谱的价值。针对这三个问题，下面提出四点研究思路与方法。

一、充分且合理利用数据库

首先是"充分"利用数据库。在各类数据库越发普及的今天，通过数据检索的方式，研究者能够较为轻松地获取很多前辈学人未能涉猎的材料，诸如蒋孝生年、仕宦经历等记录现在均能方便地检索到，这也为研究蒋孝生平打开了新的局面。目下的数据库一般可采用"布尔逻辑"的方式连接不同的检索词，由于检索词的选择与组合对检索结果起着决定性的作用，因此我们应充分考虑名、字、郡望、职官等一系列与研究对象相关的关键词，并对这些关键词进行组合。而在得到检索结果之后，还应对结果进行充分阅读、思考、研究，在此基础上进行"迭代"式检索。

所谓"合理"利用数据库，即不能轻信检索结果。在得到检索结果后不仅要核对原书，也要防止片面摘取资料所发生的错误。比如蒋孝于嘉靖二十六年（1547）十二月被臧珊参劾一事，有研究者将"臧珊"误会成"戴珊"，造成这一疏误的原因大抵是因为作者未核对台湾"中央研究院"历史语言研究所1967年据国立北平图书馆红格钞本影印的《明实录》原书，故而忽略了原书中的校勘记，其实在校勘记中早已明确地指出"戴珊"应是"臧珊"。如果只是机械地利用数据库，这方面的问题极易发生，故而应加以留意。

二、强调不同材料间的互相印证

虽然关于考据素有"例不过十不立"之说，但是戏曲研究又有其特殊的一面。这种特殊性表现在，即便有了数据库的帮助，与某些问题有关的传世文字资料仍旧少之又少。故而在面对有些一时无法找到直接证据的问题时，本书选择以问题驱动的方式展开讨论，试图围绕蒋孝及其曲谱提出一些问题，通过解决这些问题，串联起整个研究，同时尽量举出多种旁证来指向某一可能的结果，不妄下断语。其中有如下两点需特别说明。

第一，在涉及与音乐文学有关的考据时，本书力图以文乐相互印证的方式来提高结论的可信性。这种方法在郑西村《昆曲音乐与填词》一书中首先被提出并运用，即"（曲词）正韵应和本牌所用调系音阶正寄煞三个稳定音级相协和"[1]。这种方法有助于划分曲文的韵段（均段）（详见第四章第三节"傍拍释义"）。

第二，文中多次引用《九宫正始》中的材料作为某些观点的论据。此处有必要交代一下本书对《九宫正始》的认识。首先，本书认为钮少雅、徐于室并未得到任何旧刻秘笈，所谓"元谱"当系伪托。《九宫正始》一书编纂的依据即是《蒋谱》与《沈谱》。其次，《九宫正始》中但有超越《蒋谱》《沈谱》之处，乃是钮、徐二人自身曲学造诣的体现。本书引用《九宫正始》中的材料，实际相当于是对钮、徐二人研究成果的利用，而非利用了所谓"元谱"。（详见第四章第二节第三点之附录）

三、以历史和逻辑的眼光看待事物

本书以历史和逻辑的眼光看待事物，文中所涉及诸多曲学概念，其内涵与外延在历史上常常发生变化。以《十三调南曲音节谱》中【高平调】为例，它在宋代又名【南吕调】，柳永曾作有【南吕调】的【透碧宵】【木兰花慢】【临江仙】【瑞鹧鸪】【忆帝京】五曲，张先词有【高平调】的【怨春风】【于飞乐令】【临江仙】【江城子】等八曲，而到了《十三调谱》中名为【高平调】的曲牌已经变为"皆

---

[1] 郑西村：《昆曲音乐与填词》（甲稿），台湾学海出版社2000年版，第18页。正、寄、煞三音类似西乐理论中的调式骨干音。这种划分韵段的方法，能够勾连起音乐与文学两端。

就引各调曲名合入"的集曲了。本书所讨论的诸多概念在历史上都有可能经过了一定程度的变化，比如《旧编南九宫谱》本就由几个不同时期的部分组成，这就更要求用发展的眼光来看待这本曲谱。

四、研究从细节入手

本书的研究多从材料的细节处入手，从局部到整体，从微观到宏观来探究事实真相。比如考察《旧编》中《九宫》《十三调》两谱目录下的小注是否为蒋孝所写。这看似一个很微小的问题，但如果确定了这些小注是蒋孝所写，我们就能从这些小注中看出蒋孝的曲学思想，并且以此判断为基础，我们也可以辨正一些固有的观点[①]，同时也将有助于我们更清晰地梳理出元至明前期曲学发展的状况。

第四节　研究目标与创新之处

本书的研究目标可概括为：上下打通，古今参照。所谓"上下打通"，即不孤立地研究蒋孝及其曲谱，而是将其人置于明代中晚期的历史背景中考察，将其《旧编》《新编》二谱置于特定的戏曲及曲学发展史之中来研究。所谓"古今参照"，即对某一问题，既看古人怎么解说，也重视今人新的研究成果，取其优者以服务于本课题的研究。

与前人研究相比，本书的创新之处有以下几点：

一、对蒋孝的生平事迹做出了较为详尽的考察。比如，第一次明确了蒋孝的

[①] 比如魏洪洲《明清戏曲格律谱研究》中以《十三调谱·尾声格调》中出现了明初的作品，而认为《十三调谱》产生于明初，但有关明初作品的注，很有可能是蒋孝所写。

生年是弘治十七年（1504）。在研究其生平的基础之上，更进一步将蒋孝置于明代中晚期这一特定的历史背景中，将蒋孝的曲谱置于曲学的发展史中来考察。

二、钩沉了蒋孝的诗歌创作八篇，并结合他的序跋文字来说明其诗学主张。

三、明确《新编南九宫词》是蒋孝所编。

四、详细考察了《旧编南九宫谱》与《新编南九宫词》的版本及庋藏情况。

五、重新审视《旧编南九宫谱》在我国曲学发展史上的意义。特别重视《旧编》所包含的《十三调》与《南九宫》两谱，认为在其字里行间携带了大量的元至明代前中期的曲学信息，这些信息有助于我们深入地认识这段历史过程中曲学发展的状况。

六、对《十三调谱》中所提到的"六摄十一则"进行深入研究，不仅给出了"六摄"的全新解释，而且对"六摄"的作用、产生时代均作了详细的推测。

七、对蒋孝在曲学史上的地位作一个新的评价，认为他既是一位探索者也是一位开拓者。其不但对于南曲谱的保存厥功至伟，而且对于南曲谱的发展亦有着筚路蓝缕之功。

以蒋孝和《旧编南九宫谱》为切入点，我们能够更加深入了解元至明前期这一段时间内的曲学发展情况。并且，本书明确论证《新编南九宫词》一书的编者亦是蒋孝。如果我们把《旧编》《新编》皆归于蒋孝名下，可知蒋孝既编有曲谱，又有曲选行世，其于曲学史上之功绩，较之后世沈璟（沈氏同样也编有曲谱《增订查补南九宫十三调曲谱》和曲选《南词韵选》）亦不遑多让。因此，本项研究不但可以让我们了解蒋孝的生平事迹，而且也有助于学界重新审视蒋孝及其编纂的曲谱、曲集在曲学史上的地位与意义。

第一章

蒋孝生平研究

蒋孝，字惟忠，号移斋①，又号三径主人②，室名三径草堂③。其生平事迹在历史上久已湮没无闻，本章首先通过钩沉史料，对蒋孝的出生及活动年月、仕宦经历、著述刊刻等情况进行一番考述；继而将其置于中晚明社会文化之中加以考察，研究内容兼及他编纂刊刻的书籍、诗歌创作、诗学主张等。

第一节　蒋孝生平考略

弘治十七年（1504），一岁，生于常州府武进县。家境殷实。《嘉靖二十三年

---

① 蒋孝的字与号，均据薛应旂所作《刻中唐诗序》，此序冠于蒋孝辑《中唐十二家诗集》［上海图书馆藏嘉靖二十九年（1550）刻本］卷首。另据陈继儒辑《国朝名公诗选》卷五［上海图书馆藏天启元年（1621）刻本］云蒋孝字顺斋，疑有误。
② 蒋孝《中唐诗序》后有"卧龙桥东三径主人"牌记。参见蒋孝辑《中唐十二家诗集》，上海图书馆藏嘉靖二十九年（1550）刻本。
③ 《旧编南九宫谱》【仙吕引子】下有"三径草堂编"字样。

进士登科录》记有蒋孝资料："贯直隶常州府武进县，民籍，国子生，治《诗经》。字惟忠，行二，年四十一，三月初四日生。曾祖宾。祖志。父瓛，寿官。前母白氏，母冯氏。严侍下。兄节、堂、云。娶妻华氏。应天府乡试第三十一名，会试第二百十名。"①由其考中进士的年齿可推得蒋孝生于弘治十七年。

其父瓛为寿官。寿官是一种由地方推举产生，授予老人冠带的养老制度。有明一代寿官仅仅颁发过十九次。这些寿官往往出自地方上有一定势力的家族，"他们的受赐，似乎不外乎'财'（如经营田庄、商业，拥有富赀）或'势'（如身为下层士绅或大宗族的成员），或则为'贵'（子孙考上进士或任官）"②。蒋父大抵也是这类情况，再结合蒋孝后来刻书、收集古书名画等活动，可以推想蒋孝家境应当比较殷实。

嘉靖四年（1525），二十二岁，参加乡试考中举人。据《重修常州府志》之《乡举表》，蒋孝为嘉靖四年乙酉举人。③

嘉靖二十三年（1544），四十一岁，参加会试考中进士，除户部主事。据《重修常州府志》之《甲科表》记录，蒋孝为嘉靖二十三年甲辰进士。另附有小字云："以户部主事罢归。喜谈诗，多蓄古书名画，复善谈兵。"④

嘉靖二十五年（1546）三月，四十三岁，任九江钞关榷使，是年刊刻宋汤汉等笺注《陶靖节集》十卷。任九江榷使一事，据《江西通志》之《职官表》记载："蒋孝，字惟忠，直隶武进人，嘉靖甲辰进士，九江榷使。"⑤其赴任时间据

---

① 《嘉靖二十三年进士登科录》，载《明代登科录汇编》（十），台湾学生书局1969年版，第5296页。
② 邱仲麟：《耆年官带——关于明代寿官的考察》，《台大历史学报》2000年第26期。
③ 参见《（万历）重修常州府志》卷十一上选举一，南京图书馆藏万历四十六年（1618）刻本。
④ 《（万历）重修常州府志》卷十一下选举二，南京图书馆藏万历四十六年（1618）刻本。另见《康熙常州府志》卷十七选举二）[康熙三十四年（1695）刻本]，《中国地方志集成·江苏府县志辑》36，江苏古籍出版社1991年影印本，第359页。
⑤ 《（光绪）江西通志》卷十二，光绪七年（1881）刻本，《续修四库全书》，上海古籍出版社2002年影印本，史部，第656册，第309页。

虞守愚为蒋孝刊刻《陶靖节集》所作的序："岁丙午春三月，毗陵蒋移斋以主政榷税浔阳。"①可知蒋孝赴任时间为嘉靖二十五年三月。《陶靖节集》刊刻时间根据虞守愚序及蒋孝跋，时间是"嘉靖丙午"②。

嘉靖二十六年（1548）十二月，四十五岁，被臧珊参劾。据《明实录·明世宗皇帝实录》卷三百三十一载嘉靖二十六年十二月事：

> 吏科右给事中戴珊③言："九江等处各设主事一员，抽分商税。如近日主事李洞、陆梦豹、杨周、蒋孝等，赃私皆不下数万。乞敕工部凡有抽分处所宜置堂印、文簿二扇……"事下工部议，覆："珊议可行，洞等赃无的据，宜令回籍候勘。"明，处分得旨："洞等准行勘，其余具如旧行。"④

上文所引《重修常州府志》提及的"以户部主事罢归"当指此事。

嘉靖二十八年（1549），四十六岁，编刻《旧编南九宫谱》。书前有蒋孝写的《南小令宫调谱序》，作序的时间为"嘉靖岁在己酉冬十月既望"⑤。

嘉靖二十九年（1550），四十七岁，辑刻《中唐十二家诗集》。分别为《储

---

① 《陶靖节集》十卷，上海图书馆藏嘉靖二十五年（1546）刻本。
② 《陶靖节集》十卷，上海图书馆藏嘉靖二十五年（1546）刻本。
③ 《明实录·明世宗实录卷三三一校勘记》谓："戴珊，抱（经楼）本改戴作臧。"《明世宗实录校勘记》十二，台湾"中央研究院"历史语言研究所1967年据国立北平图书馆红格钞本校印，第1816页。按，戴珊（1437—1505），字廷珍，江西浮梁人，官至左都御史，与蒋孝非同时代人，此处吏科右给事中当非此人。另查红格本《明实录》中有关戴珊活动的记录都集中在弘治、成化年间，唯独嘉靖二十六年十二月突然出现了这次戴珊的记录，实在令人狐疑。而在同卷则出现有两次"吏科给事中臧珊"的记录。由此可知此处"戴珊"当为"臧珊"之误。
④ 《明实录·明世宗皇帝实录》卷331，台湾"中央研究院"历史语言研究所1967年据国立北平图书馆红格钞本校印，第6078—6079页。明清两代钞关上的官员胥吏骚扰民众、勒索商人的情况比较严重，《金瓶梅词话》第五十八、五十九回就有表现西门庆贿赂"钞关上钱老爷"的情节。
⑤ （明）蒋孝：《旧编南九宫谱》，明嘉靖二十八年（1549）刊本，《玄览堂丛书三集》，南京图书馆1955年影印，第30册。

光羲集》五卷、独孤及《毗陵集》三卷、刘长卿《随州诗集》十一卷、《钱起诗集》十卷、《卢纶集》十卷、孙逖《孙集贤诗集》一卷、崔峒《崔补阙诗集》一卷、刘禹锡《刘宾客诗集》六卷、张籍《张司业诗集》六卷、《王建诗集》八卷、贾岛《贾浪仙长江集》十卷、李商隐《李义山诗集》六卷。诗集前有蒋孝作的《中唐诗序》，时间为"嘉靖庚戌春三月"①。

嘉靖三十三年至三十六年（1554—1557），约五十一岁至五十四岁，进入胡宗宪幕府。据《明实录·明世宗皇帝实录》卷四百五十四记嘉靖三十六年十二月事：

> 巡按直隶御史尚维持言："顷浙直倭患，陛下用部臣议，许总督军门开纳级之例，亦一时权宜计耳。奈何土豪、市侩、逃军、罢吏，向惧罪自匿者，皆得窃金骄人于白昼大都，而军前未见协济之实。充军下死罪一等，非凶恶不轻坐，而亦令纳银自赎。罢闲官若吕希周、蒋孝辈，不复知有名节久矣，而亦效用军门，恣其剥削。"得旨："近因倭患，暂许督抚等官便宜行事。各官任意行私，原发空头札付悉收回。其冒滥朦胧给授者，巡按御史悉追夺治罪。充军不准赎，业有成命，何得擅违？其禁之。罢闲官以赞画为名，生事害民者，悉令革回闲住。"②

从这段文字中可知，蒋孝在罢官之后"亦效用军门"。再结合嘉靖四十一年（1562）③陆凤仪上疏《督臣欺横不法亟赐罢斥疏》列出十大罪状，弹劾胡宗宪党

---

① （明）蒋孝辑：《中唐十二家诗集》，上海图书馆藏嘉靖二十九年（1550）刻本。文见本书第一章。
② 《明实录·明世宗皇帝实录》卷454，台湾"中央研究院"历史语言研究所1967年据国立北平图书馆红格钞本校印，第7689页。
③ （明）雷礼：《皇明大政纪》卷二十四，北京大学图书馆藏明万历三十年（1602）博古堂刻本，《续修四库全书》，上海古籍出版社2002年影印本，史部，第354册，第608页。书中提及同一事，时间为"壬戌嘉靖四十有一年"。

附严嵩以及奸欺贪淫,其中有提及"蒋孝"的文字:

> 盖其拜托为军前赞画者,皆败名恪行、趋利附势之徒。虽有文墨全无行止,宗宪与之日夜耽嗜淫逸,虽明知其侵匿,不计矣。如蒋孝、如吕希周、如田汝成,皆游舌握椠出入军门,竟为奢僭。重费供给蠹财害事,不可胜言。此宗宪之靡费无纪,大罪四也。①

我们可知此处"军门"即指胡宗宪幕下。《明史》说胡宗宪其人"性善宾客,招致东南士大夫预谋议,名用是起。至技术杂流,卷扬皆有恩,能得其力"②,并且胡氏于"三十三年出按浙江"③,这也是他从事抗倭大业的开始。此后他广揽门客,蒋孝应于此时进入胡宗宪幕府。而《明实录》中记载蒋孝等被命"革回闲住"的时间是嘉靖三十六年。由此可推测蒋孝在胡宗宪幕下活动的时间段大约是嘉靖三十三年至三十六年。另外,上文所引《重修常州府志》说蒋孝"最后复喜谈兵",庶几可印证其在胡宗宪幕下的这段经历。

嘉靖四十五年(1566),六十三岁前后尚在世。目前尚未见到可以证明蒋孝卒于何时的直接证据,故而只能举出他的活动记录,来推测某年他仍在世间。

顾起纶④与蒋孝为同时人,顾氏编有《国雅》⑤一书,广收本朝人诗作。蒋孝的文集久已散佚,却有九首诗作见存于《国雅》之中。在笔者所经眼的资料中,除了《国雅》中的九首外,尚有朱彝尊《明诗综》(收《赠顾少参》)、陈田《明诗纪事》(收《送顾九华还江东》)、彭孙贻《茗斋集》所附《明诗钞》(收《送友人

---

① (明)孙旬:《皇明疏钞》卷七十,影印上海图书馆藏明万历十二年(1584)自刻本,《续修四库全书》,上海古籍出版社2002年影印本,史部,第464册,第831页。
② 《明史》卷205,中华书局1974年标点本,第5414页。
③ 《明史》卷205,中华书局1974年标点本,第5410页。
④ 顾起纶(1517—1587),字更生,号玄言、九华山人等,无锡人。
⑤ 《国雅》所选皆有明一代各家诗作,上起洪武,下迄隆庆。

之江东》)、陈继儒《国朝名公诗选》(收《新安李氏园亭》《送友人之江东》)以及《光绪无锡金匮县志》(收《冬日惠山作》)等书亦收录有蒋孝诗作,但往往只有一两首。

蒋孝之诗非但被收入《国雅》,其人也入选了《国雅品·士品四》[①]。《四库提要》对《国雅品》有如下评价:"其入品者……大抵与起纶攀援唱和有瓜葛者居多。"[②] 可与此评价相印证的是,在《国雅》所选的九首蒋孝诗作之中,就有与顾起纶有关的作品——《送顾九华还江东》[③],可见蒋、顾二人也当属"有瓜葛"者,蒋孝之所以能入《国雅品》或许就有这个原因。

依照《国雅》体例,其卷次编排以时代为序,即每一卷所选之诗人大抵处于同一时代。[④] 在《国雅》卷十四中,顾起纶不仅收录了蒋孝的作品,还收录了其兄顾起经的诗作——其中《白鹤词》二首尤其值得注意,该诗题下附有注云:

> 岁丙寅王正人日初吉,家弟玄言当知命之年,事玄修之典,爰集道士数十曹,醮黄箓于惺泉里第。先期戒斋甚虔,仪供甚设。越明日,请如科降鹤,诸道士方启《太霄降书讽步真诀》。不移时,群鹤摩空而来,颉颃旛信之端,蹁跹云汉之表,载鸣载和,往回久之不能去。诚寰中希瑞,人外罕遘者。岂果主人孚以精禋,感以至诚邪?抑三洞符术傺有其灵邪?因属和此词以奇其事云。[⑤]

此处记述了这两首《白鹤词》的由来。众所周知,白鹤在道教中素有特殊意义,

---

① 《国雅品》是在《国雅》的基础上选择若干家分别作品评。且值得注意的是"士品四"所评者多达五十三人,其中大多是顾起纶同时代人。
② (清)永瑢等:《四库全书总目》卷193,中华书局1965年版,第1754页。
③ 顾起纶号九华山人,根据诗题一望便知这首是赠给顾氏的诗作。诗见本书第一章。
④ 参见冯汉钦《明代诗歌总集与选集研究》,哈尔滨工程大学出版社2009年版,第26—27页。
⑤ (明)顾起纶辑:《国雅·续国雅·国雅品》,明万历顾氏奇字斋刻本,《四库全书存目丛书补编》,齐鲁书社1997年影印本,第15册,第566页。

而类似的神奇故事在古代似非孤例,例如清人李斗《扬州画舫录》中也曾记道:

> 天雷坛在小金山后……某居坛修炼,为罗天醮凡四十九日,时有白鹤二十四双蟠舞空中,继有元鹤四双飞来,蟠舞如白鹤状。良久,一鹤黄色,来悬于半空,移时乃去。阖郡士民见之,以为灵感所致,因作降鹤图,又制木鹤,状黄鹤之态,太守金葆咏其事。①

李斗这一记载与顾氏的《白鹤词》所述情状如出一辙。由此可知,道教法事与白鹤显灵的关系普遍存在于明清人的观念中。② 因此也能肯定顾起纶五十寿诞斋醮降鹤一事断非顾起经一人向壁虚造。③ 那么关于此件奇事,其他见证者亦有讽咏之可能。

恰在《国雅》同卷中,顾起纶不但选了其兄的《白鹤词》,也收录了一首蒋孝的同名诗作,诗云:

> 万寿宫前鹤驾高,飘然欲下紫宸朝。
> 泠风忽送千岩响,知是吹笙王子乔。

由于全国许多地方都建有"万寿宫",仅从内容上来看,诗中提到的"万寿宫"并没有很明确的指向性。然而,这首诗的关键之处在于其题目——《白鹤词》。首先,《国雅》中除顾、蒋二人的《白鹤词》以外,并无其他诗作题名《白

---

① (清)李斗撰,汪北平、涂雨公点校:《扬州画舫录》,中华书局1960年版,第25页。
② 无论这种联系在现实世界中是否真实存在,这两则材料至少可以提示我们,在当时人们的观念中,白鹤是可能通过一定的斋醮仪式召唤来的。
③ 道士与道教信仰贯穿整个明代社会,上至皇帝,下至庶民,在生活中都与道教有密切的联系,道教的斋醮仪式在明代社会也是广受欢迎。参见[英]崔瑞德、[美]牟复礼编《剑桥中国明代史》,杨品泉等译,中国社会科学出版社2006年版,第918—952页。

鹤词》。其次，遍查历代诗歌总集，也极少有题作《白鹤词》者[1]，可见《白鹤词》并非一个常用的诗题。而蒋孝与顾起经却都写有《白鹤词》，且被顾起纶收入《国雅》同一卷中，这似乎不能简单地用巧合来解释。考虑到顾氏选诗往往"攀援唱和"，他于此处摭选二人的《白鹤词》极有可能因为两诗同咏一事。且味其诗意，蒋诗"万寿宫前鹤驾高，飘然欲下紫宸朝"一联所描写的不正是顾起经所说的"群鹤摩空而来"的情景吗？蒋诗最末一句用了王子乔的典故[2]，显然是一首与道教登仙有关的诗作，这也与斋醮仪式的背景相符合。诗中"知是吹笙王子乔"一句无疑是在暗喻、奉承某位现实人物——根据以上种种，这位现实人物很可能就是顾起纶。

现将以上论证思路概括如下：第一，蒋孝与顾起纶熟稔已久；第二，顾起纶在其编的《国雅》同卷中既收了其兄顾起经的《白鹤词》，又收了蒋孝的《白鹤词》；第三，《白鹤词》并非常用的诗名，两诗又被顾起纶收入同书同卷，极有可能是因同一事件而作。因此可以推测，在顾起纶五十寿辰之日，蒋孝也在"玄修之典"现场[3]，共同见证了白鹤翻飞的奇观。因而也作了一首《白鹤词》，后来此诗又被喜欢与友人"攀援唱和"的顾起纶收入了自己编的《国雅》中，得以保存至今。

顾起经的《白鹤词》注中所记录的时间"丙寅"是嘉靖四十五年（1566），

---

[1] 所查书目有以下几种：《全唐诗》，中华书局1960年版。《全宋诗》，北京大学出版社1991年版。《全辽金诗》，山西古籍出版社1999年版。《全金诗》，南开大学出版社1995年版。《全元诗》，中华书局2013年版。《明诗综》，中华书局2007年版。《全敦煌诗》，作家出版社2006年版。这些书中题《白鹤词》的只有赵佶作的十首。另，赵佶因笃信道教，宣和元年（1119）立冬宋徽宗上清宫讲经时，也曾出现白鹤飞翔空际的奇观，君臣间亦有诗作咏其事，赵佶为此事所作的诗题曰《瑞鹤》。

[2] "王子乔者，周灵王太子晋也。好吹笙作凤凰鸣。游伊、洛之间，道士浮邱公接以上嵩高山。三十余年后，求之于山上，见桓良，曰：'告我家，七月七日待我于缑氏山巅。'至时，果乘白鹤驻山头，望之不得到。举手谢时人，数日而去。亦立祠于缑氏山下，及嵩高首焉。"王叔岷：《列仙传校笺》，中华书局2007年版，第65页。

[3] 关于此次"玄修之典"具体地点的进一步考证详见本节附录。

既然蒋孝亦参加了此次"玄修之典",那么说明在嘉靖四十五年蒋孝依旧在世。①

附一:顾起经《白鹤词》

白鹤词②

　　岁丙寅王正人日初吉,家弟玄言当知命之年,事玄修之典,爰集道士数十曹,醮黄箓于惺泉里第。先期戒斋甚虔,仪供甚设。越明日,请如科降鹤,诸道士方启《太霄降书讽步真诀》。不移时,群鹤摩空而来,颉颃旛信之端,翩跹云汉之表,载鸣载和,往回久之不能去。诚寰中希瑞,人外罕遘者。岂果主人孚以精禋,感以至诚邪?抑三洞符术僸有其灵邪?因属和此词以奇其事云。

其一

　　仙禽忽报下层云,正值仙官练赤文。
　　不为吹箫向秦史,唯令□□侍茅君。

其二

　　羽客偏能召羽宗,差池空外影氍氀。
　　坛边未了蘩霄□,清唳声声出蕊宫。

---

① 魏洪洲:《明清戏曲格律谱研究》,博士学位论文,黑龙江大学,2015年。第二章中提出《国雅品·士品四》中顾起纶对已经过世的好友多有悼念之词,而写蒋孝的文字并无提及身后之事,故认为蒋孝在顾氏编《国雅品》之时(隆庆年间1567—1572)尚在世。可备一说。然而据《四库提要》提示:"(《国雅》)卷末附书牍二十篇,皆答征诗,谢入选者。"笔者尝查阅苏州图书馆藏万历元年(1573)顾起纶奇字斋刻本《国雅》,书末有杂附一卷,其中并无蒋孝书信。蒋、顾二人既为好友,蒋孝此时若在世当书答谢,似更合乎情理,惜乎《国雅》杂附一卷,该卷中并无蒋氏书信,因此他活到万历间一说并未能找到更有力的证据。
② (明)顾起纶辑:《国雅·续国雅·国雅品》,《四库全书存目丛书补编》,齐鲁书社2001年影印本,第15册,第566—567页。

附二：无锡惺泉里第、万寿宫考

在蒋孝现存的九首诗作中除了《白鹤词》与无锡有关外，还有《冬日惠山作》一首，描写了无锡惠山的风物。无锡与常州毗邻，明代无锡县隶属常州府，可见无锡当是蒋孝经常游冶之地。我们再看顾起经和蒋孝的两首《白鹤词》，其中"醮黄箓于惺泉里第"和"万寿宫前鹤驾高"两句，分别提到了两处地点：惺泉里第与万寿宫。

据明人程敏政所写的《惺泉铭》："户部主事锡山陈君昌，谓予言其邑城西北隅旧有泉名惺……而君所居井数十步，因以惺泉自号。"① 可知，举行斋醮仪式的惺泉里第原是陈君昌的宅子，其宅就在惺泉附近。另据《无锡金匮县志》卷三可知："惺惺泉在城内胡桥北。"② 同书卷十三记有："金匮有元元万寿宫，在第六箭河，元倪文光建，初名元文馆，元统间赐今额，后废为邹氏曹氏别业，主经屡易，无复遗迹。"③ 这里的"元元万寿宫"即玄元万寿宫。④

玄元万寿宫是无锡一景，在明末人王永积的《锡山景物略》中就有对玄元万寿宫的记载："在第六箭河口，元至大间，录常州路道教事倪昭奎创。门列古树，两桥夹之，左曰仙源，右曰青牛。入门丹墀廓然，建太清殿，东西两庑，左五雷坛，右七元殿。殿后讲堂，前建祠，祀父文翁。右置燕室，西偏列斋室百十楹。捐田四十顷以赡道众。至大中赐额玄元观。元祐初赐额玄元万寿宫，王应龙撰碑，赵孟頫篆额。倪云林与张居贞辈尝读书其中。……入国朝则为邹东湖别业，

---

① （明）程敏政：《篁墩程先生文集》卷五十六，明正德二年（1507）何歆刻本，沈乃文主编《明别集丛刊》，黄山书社 2013 年影印本，第一辑第 61 册，第 556 页。
② 《无锡金匮县志》卷三，光绪七年（1881）刻本，《中国地方志集成·江苏府县志辑》24，江苏古籍出版社 1991 年影印本，第 60 页。
③ 《无锡金匮县志》卷三，光绪七年（1881）刻本，《中国地方志集成·江苏府县志辑》24，江苏古籍出版社 1991 年影印本，第 193—194 页。
④ "玄"因避乾隆讳而改为"元"。

后属曹晴峰，后又属予叔祖应峰公，今属秦俨海。"① 可见原来的万寿宫十分壮丽，一派道教仙家楼阁、缥缈出尘的景象，且又有赵孟𫖯、倪瓒等人相关行迹。到了明代即便已被人占作别业，依旧盛名在外，无怪乎蒋孝诗中要提到此处。

另据今人所著的《崇安名胜史话》："玄元万寿宫，后被毁。清乾隆五年（1740），在那里建金匮县新城隍庙。"② 根据以上这些信息，我们可以在光绪七年（1881）《无锡金匮县志》的县城图上标出胡桥以及第六箭河上的城隍的位置，由此也能大概知晓顾起经、蒋孝的《白鹤词》中所提到的惺泉里第与万寿宫的位置。（图1-1）

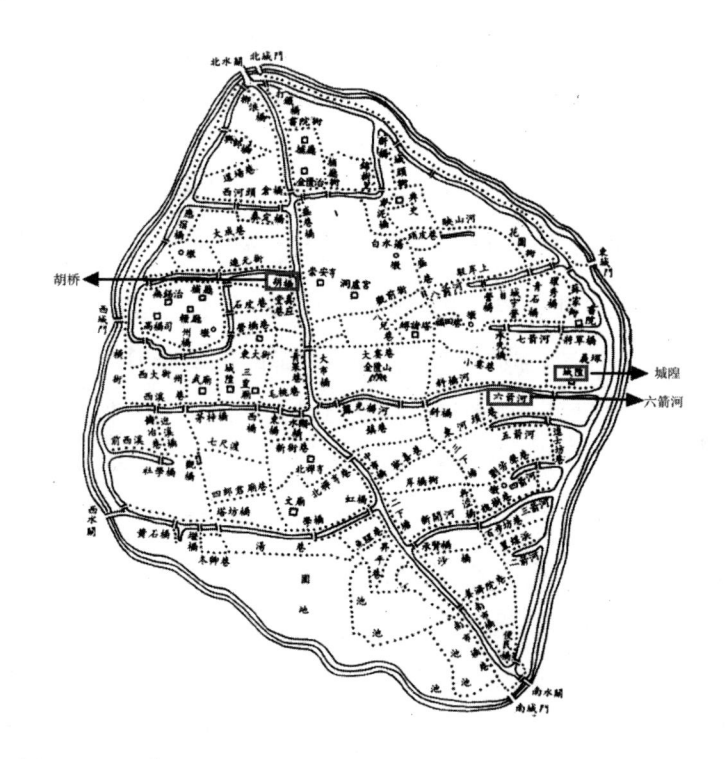

图1-1 据光绪七年刻本《无锡金匮县志》县城图绘

---

① （明）王永积：《锡山景物略》卷十，《四库全书存目丛书》，齐鲁书社1996年影印本，史部，第234册，第610页。
② 刘健华主编：《崇安名胜史话》，山东画报出版社2006年版，第147页。

第二节　中晚明社会文化氛围下的蒋孝

上节以年表的形式铺陈了蒋孝的生平。本节则将蒋孝置于当时特定的社会文化中，对他编刻书籍、诗歌创作、诗学主张等情况作一番考察。

一、明初崇元之风与明中后期社会生活的巨变

在明代定鼎之初的一段时间内，对元朝的怀念之情依然弥漫在江南一带士人的心中。钱穆《读明初开国诸臣诗文集》一文曾形容明初士人"于亡元之崇重，而于新朝之轻蔑……元社既屋，元鼎既移，而当时士大夫之殷顽之心情则依然如昔"[①]。明初几代皇帝对江南施行的严酷统治——比如克以重税、镇压士绅、迁移富民等——是造成当时士人这种心态的主要原因。《明史·食货志》云："司农卿杨宪又以浙西地膏腴，增其赋，亩加二倍。故浙西官、民田视他方倍蓰，亩税有二三石者。大抵苏最重，松、嘉、湖次之，常、杭又次之。"[②] 顾炎武《日知录·苏松二府田赋之重》中也说："考洪武中，天下夏税秋粮以石计者，总二千九百四十三万余，而浙江布政司二百七十五万二千余，苏州府二百八十万九千余，松江府一百二十万九千余，常州府五十五万二千余。是此一藩三府之地，其田租比天下为重，其粮额比天下为多。"[③] 更有甚者，到了洪武七年（1374），朱元璋更是策划了一次针对江南百姓的大规模移民行动——"徙江南富

[①] 钱穆：《中国学术思想史论丛》（六），台湾东大图书有限公司1978年版，第84页。
[②] 《明史》志第五十四《食货二·赋役》，中华书局1974年标点本，第1896页。
[③] （明）顾炎武著，（清）黄汝成集释，栾保群校注：《日知录集释》卷十，浙江古籍出版社2013年版，第602页。

民十四万田濠州"①。

　　凡此种种，在明初的政治格局中，这些峻刑重赋的政策总体上表现为对南方势力的打压。究其缘由更多是因为明初统治者个人经历与好恶心使然。以朱元璋为例，他和他的旧部基本属于北方人——朱元璋起家之地属于中国南北交界地区，在他的观念中一向自认为北方人，这点从他推行《洪武正韵》，并以《洪武正韵》为"中原雅音"便可看出。②这种"北方"对"南方"的打压导致的结果是"元明之际江南的经济发展水平，因人口残破和新兴国家格外严酷的压制，应有明显的下降，在全国的核心地位也应有所削弱。……至少是在明代前期江南士人心目中，明初几十年苏州经济比元代后期要萧条"③。

　　伴随着这种萧条的局面，南方文化中活跃灵动的一面一直处于潜伏的状态。"由元入明而在诗文创作上较有成绩的人，绝大多数都在迫害下悲惨地死亡……个别侥幸保住了性命的像袁凯那样的人，自也不敢再在创作上有所表现。因而在文坛上形成了万马齐喑的局面。"④这种万马齐喑反映的是当时南方文人小心谨慎的心理状态——"重足屏息以营职业……庶几于无咎焉"⑤。而在社会风貌方面，明初南人则表现为醇厚与敦实，晚明顾起元《客座赘语》卷一"正嘉以前醇厚"条就提到："有一长者言曰：正、嘉以前，南都风尚最为醇厚。"⑥

　　这种局面一直到明中叶——特别是在正德、嘉靖以后——才有了明显的改

---

① 《明史》列传第五十四《李善长传》，中华书局1974年标点本，第3771页。
② 《明史》列传第一三六《乐韶凤传》："帝以旧韵出江左，多失正，命与廷臣参考中原雅音正之。书成，名《洪武正韵》。"中华书局1974年标点本，第3939页。
③ 李新峰：《论元明之间的变革》，载陈支平、万明主编《明朝在中国史上的地位》，天津古籍出版社2011年版，第66页。
④ 章培恒、骆玉明主编：《中国文学史新著》（增订本·第二版）下，复旦大学出版社2011年版，第11页。
⑤ （明）娄坚：《王常宗小传》，转引自陈建华《中国江浙地区十四至十七世纪社会意识与文学》，学林出版社1992年版，第102页。
⑥ （明）顾起元：《客座赘语》，中华书局1987年标点本，第25页。

变①，表现为"服饰上'去朴从艳'，文艺上追求'异调新声'，知识上转而'慕奇好异'"②。而到了嘉靖、万历年间，明初被打压的江南经济更是冲破桎梏一飞冲天，人口也迅猛增加。当时江南市镇发展情况大致如下：

  震泽镇 元时村镇萧条，居民数十家。明成化中至三四百家，嘉靖间倍之，而又过焉。

  平望镇 明初居民千百家。自弘治以后，居民日增，货物齐备。而米及豆麦尤多，千艘万舸，远近毕集，俗以枫桥目之。

  檀丘市 成化中居民四五十家，多以铁冶为业。至嘉靖数倍于昔。凡铜铁木圬乐艺诸工俱备。

  盛泽市 明初居民止五六十家，嘉靖间倍之。以绫绸为业，始称为市。

  黎里镇 明成弘间为邑巨镇，居民千百家。百货并集，无异城市。自隆庆迄今货物贸易如明初，居民更二三倍焉。

  吴江县市 元以前无千家之聚，明成弘间居民乃至二千余家，方巷开络，栋宇鳞次，百货具集，通衢市肆以贸易为业者，往来无虚日。嘉隆以来，居民益增，贸易与昔不异。③

与这种社会经济发展相应的，到了嘉靖年间，知识分子在日常生活中也愈发显得悠游自得，以至于"耽于山水，好游成癖，甚而成痴"④的倾向愈演愈烈。以旅行之后写的游记为例，据学者统计，明代正德以前的游记不过十余篇，而到了

---

① 参见李治安《两个南北朝与中古以来的历史发展线索》，《文史哲》2009年第6期。
② 葛兆光：《中国思想史》（第二卷），复旦大学出版社2007年版，第293页。
③ 转引自王毓铨主编《中国经济通史·明》（下），经济日报出版社2007年版，第518页。此段文字为摘要。原文见《吴江县志》卷四，乾隆刻本，《中国地方志集成·江苏府县志辑》19，江苏古籍出版社1991年影印本，第372—373页。
④ 周振鹤：《从明人文集看晚明旅游风气及其与地理学的关系》，《复旦学报（社会科学版）》2005年第1期。

嘉靖间游记明显增多至百篇，万历以后更是激增至三百多篇，且多为长篇游记。[1]

明中后期文人这种"耽于山水，好游成癖"的风气蒋孝自然也不能免俗。在现有少量与蒋孝有关的材料中，就有一条反映其游山玩水的记录。邹守愚[2]《游庐山记》云：

> 去岁，地官移斋蒋公、兵宪东明范公，莅兹土，而余适至。以庐山为约，累日霪雨不能上。余别去，怏怏曰："山灵拒我邪！"今年春，余自楚被调归，泊浔阳。二公来访曰："向诺也能乎？"余欣然唯唯曰："今不我拒矣。"壬寅同行，憩于东林，历锦绣、半云、甘露，披霞而上，至天池。且舆且步，踞峰蹑崖，遂遍得所称奇胜者，以为极欢也。已，移斋公以事先还……[3]

"移斋蒋公"即蒋孝，嘉靖二十五年（1546）三月蒋孝任九江钞关榷使。范东明是范钦[4]，他于嘉靖二十三年（1544）任九江兵备副使[5]。两人都是江浙人士，或许熟稔已久，在九江得以重聚，便同游名川大山，一副名士派头。顾起纶在其编著的《国雅品》中更是对蒋孝的这种名士态度作了一个总体性的概括：

> 蒋户部维忠：才情绮丽，颇任侠气。盖岁罢官，即放浪自适，筑山穿

---

[1] 参见周振鹤《从明人文集看晚明旅游风气及其与地理学的关系》，《复旦学报（社会科学版）》2005年第1期。
[2] 邹守愚（？—1556），字君哲，福建莆田人，嘉靖五年（1526）进士，任江西布政使，进户部右侍郎。
[3] （明）邹守愚：《侯知堂集·游庐山记》卷四，上海图书馆藏明嘉靖三十二年（1553）刻本。
[4] 范钦（1506—1585），字尧卿，一字安卿，号东明。鄞县（今浙江宁波）人。
[5] 参见袁慧《范钦评传》，宁波出版社2013年版，第174页。范钦与蒋孝的渊源还表现在，蒋孝的《新编南九宫词》恰因天一阁的收藏而保存至现代，这一版在1930年为郑振铎所得并影印出版，成为现在世间唯一流布的《新编南九宫词》版本。详见本书第二章第二节。

第一章 蒋孝生平研究

池，遍列舞台歌榭。是游燕名处，每临赏，辄酣畅忘还。所憩阁贮书颇富。与荆川[①]素雅，过必酬论竟日，攻难不乏，余所采《刀歌》，想见豪爽。[②]

这段近百言的文字，描述了蒋孝的才情、气质、交游等情况。纵观蒋孝一生，他无疑具有那个时代文人典型的两面性特征——既有力图在仕宦道路上建功立业的一面，又有归隐山林放浪形骸的一面。仕宦一途，表现在其孜孜矻矻于科举功名之上，他二十二岁中举人，直至四十三岁方才进士及第。而与此相对的另一面则表现为他在罢官后的放浪形骸、纵情游冶。

说蒋孝具有名士态度，不仅仅是对其社会身份的定位，更是对其文化身份的指称。由于中国文化的特有属性，名士中尤以蒋孝这样的官员居多，他们以科举起家，复以诗文歌赋进身名士之列。有研究者指出明代文化总体上可分为台阁与山林两大系统。[③]若要给蒋孝一个定位，就其精神本质而言，不论入仕与否，他都应该属于山林之士，而不融于台阁或郎署集团。

总之，朱明享国二百七十六年，虽然前期的几个皇帝施行了强权统治，致使整个社会文化生活呈现较为沉寂的状态；但无可争议的是到了明代中后期，经济、文化等社会生活方方面面都发生了巨大的变化。这种变化之巨，足以影响到今人对于宋以后的历史分期——"明中期变革说"便以未发生王朝变革的明代中期为历史界线[④]。这条历史的分界线恰恰也能成为南曲发展史中的一个分水岭。伴随着南方经济的发展，社会风气的活跃，过去主要沉潜于民间的南戏开始登堂入

---

① 唐顺之（1507—1560），字应德，号荆川，武进人。
② （明）顾起纶辑：《国雅·续国雅·国雅品》，明万历顾氏奇字斋刻本，《四库全书存目丛书补编》，齐鲁书社1997年影印本，第15册，第347页。
③ 参见张德建《隐士·才子·山人·名士——明代山林之士的群体变迁及其文化意义》，载罗宗强、陈洪主编《明代文学研究国际学术研讨会论文集》，南开大学出版社2006年版，第33—43页。
④ 宋以后的历史分期学界存有不同的观点，除"明中期变革说"，还有"宋元变革说""宋元明过渡说"。参见李新峰《论元明之间的变革》，载陈支平、万明主编《明朝在中国史上的地位》，天津古籍出版社2011年版，第47—48页。

室，逐渐变成了带有强烈文人色彩的传奇。而蒋孝之于戏曲史，恰恰处于明中期变革的这道分水岭之上，他以其独特的精神气质在游冶与"铅椠之暇"[①]为曲学史留下了两部著作——《旧编南九宫谱》《新编南九宫词》。

二、明人的改编风气与蒋孝私家刻书

较之前代，明一代的出版事业愈加鼎盛发达，官府、私家和书坊的刻书事业都取得了相当瞩目的成就。到了明代中晚期，家刻与坊刻更是发展迅猛。蒋孝同时人李诩[②]《戒庵老人漫笔》中"时艺坊刻"条以科举参考书为例记述了其时坊刻之盛：

> 余少时学举子业，并无刊本窗稿。有书贾在利考，朋友家往来，钞得灯窗下课数十篇，每篇誊写二三十纸，到余家塾，拣其几篇，每篇酬钱或二文或三文。忆荆川中会元，其稿亦是无锡门人蔡瀛与一姻家同刻。方山中会魁，其三试卷，余为怂恿其常熟门人钱梦玉以东湖书院活字印行，未闻有坊间板。今满目皆坊刻矣，亦世风华实之一验也。[③]

而当时的苏州和常州所刻之书尤佳，胡应麟[④]在《少室山房笔丛·经籍会通四》中说：

> 叶又云：天下印书以杭为上，蜀次之，闽最下。余所见当今刻本，苏、常为上，金陵次之，杭又次之。近湖刻、歙刻骤精，遂与苏、常争价。蜀本行世甚寡，闽本最下。[⑤]

---

① 参见蒋孝所作《南小令宫调谱序》。
② 李诩（1505—1593），一名翊，字厚德，自号戒庵老人，明江阴人。
③ （明）李诩：《戒庵老人漫笔》卷八，中华书局 1982 年标点本，第 334 页。
④ 胡应麟（1551—1602），字元瑞，更字明瑞，号石羊生，又号少室山人，兰溪（今属浙江）人。
⑤ （明）胡应麟：《少室山房笔丛》卷四，上海书店出版社 2009 年版，第 44 页。

前述《国雅品》言蒋孝"所憩阁贮书颇富",可知蒋孝在当时大抵可算是一位藏书家,同时他也曾刊刻出版了多部书籍。今天我们确知蒋孝所刊刻的四部书——《旧编南九宫谱》《新编南九宫词》《中唐十二家诗集》《陶靖节集》——应该都是在常州付梓的。其中《陶靖节集》有牌记"晋陵蒋氏梓于家塾"(图1-2),显然是在常州所刻;而《旧编南九宫谱》以及《中唐十二家诗集》都是常州刻工陈奎①镂版的。至于《新编南九宫词》一书其版式与《旧编南九宫谱》如出一辙,且观两书字体,似出自同一刻工之手(图1-3)②。

图1-2 上海图书馆藏明嘉靖二十五年(1546)蒋孝家刻本《陶靖节集》牌记

---

① 陈奎:明嘉靖间毗陵人,刻字工人。除为蒋孝刻书外,还刻过薛应旂《六朝二十四家诗集》、《江阴县志》(9行19字)、《唐会元精选诸儒文要》、《重订校正唐荆川先生文集》(安如石本)、《文献通考》(冯天驭本)、《历代地理指掌图》(10行20字)。据瞿冕良编著《中国古籍版刻辞典》,苏州大学出版社2009年版,第488页。
② 关于《新编南九宫词》的情况,见第二章第一节。

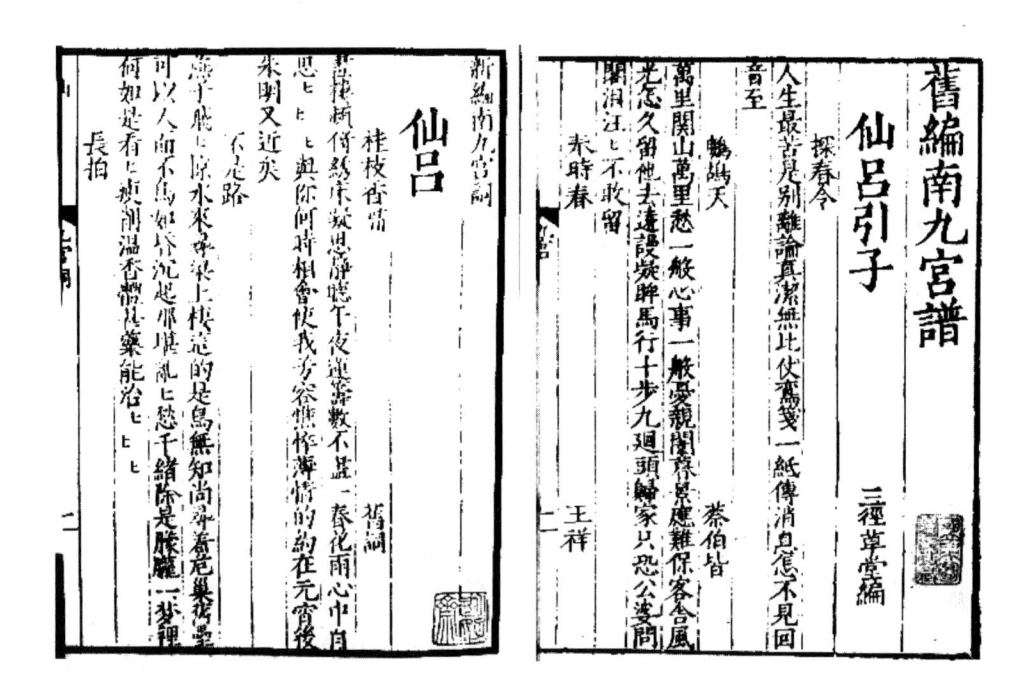

图1-3 郑振铎1930年影印明刊本《新编南九宫词》（左）
嘉靖二十八年（1549）蒋孝三径草堂刊本《旧编南九宫谱》（右）

另外，今人杨焄还提出明嘉靖间刊行的一部诗歌总集《六朝诗集》亦是蒋孝所刻。其有如下理由：一、《六朝诗集》与《中唐十二家诗集》都是丛编形式；二、两者都有薛应旂序；三、两者都为刻工陈奎所镂。[1]但此观点也只是推测，尚无更有说服力的证据，本书将其记于此，聊备一说。

有研究者还注意到明代中后期的版刻中保存了不少时人的书法作品："更多工匠刊印的书籍在刻风单调的正文之前，以富于吸引力的书法影刻卷首，包括封面、引、序、跋（有时放在卷末）……卷首其他部分多采用行书或草书。引和序往往由作者钤印。"[2]这一刻书的潮流也影响到了蒋孝，在《中唐十二家诗集》《旧

---

[1] 参见杨焄《明刻本〈六朝诗集〉编纂考》，《上海大学学报（社会科学版）》2007年第5期。
[2] [美]牟复礼、朱鸿林：《书法与古籍》，毕斐译，中国美术学院出版社2010年版，第175页。

编南九宫谱》两书之前的序言皆为蒋孝手书,其中《旧编南九宫谱》序后还钤有"甲辰进士""忠孝世家"两方印。正因此,蒋孝的书法也能保留至今。

明中期以后刻书之盛况可谓空前,而明人刻书时肆意改书的毛病也随之日炽。清人黄廷鉴云:"妄改之病,唐宋以前谨守师法,未闻有此。其端肇自明人,而盛于启、祯之代。"[1]明人这种改书的风气,历来为人诟病,其表现形式也多种多样。叶德辉《书林清话》中写有"明人不知刻书""明人刻书添改脱误""明人刻书改换名目之谬"等条目指摘明人刻书之陋习,其中"明人刻书改换名目之谬"云:

> 明人刻书有一种恶习,往往刻一书而改头换面,节删易名。如唐刘肃《大唐新语》,冯梦祯刻本改为《唐世说新语》。先少保公《岩下放言》,商维濬刻《稗海》本,改为《郑景望蒙斋笔谈》。朗奎金刻《释名》,改作《逸雅》,以合"五雅"之目。全属臆造,不知其意何居。[2]

对于这种明人刻书的毛病清人有过许多讥讽。比如顾广圻云:"明中叶以后刻书无不臆改,刻成又不复细勘,致令讹谬百出。"[3]又如四库馆臣云"明人喜作伪本"[4];"盖明人书帕之本,好立新名,而不计其合于古义否也"[5];"明人传刻古书,无不窜乱脱漏者"[6]。凡此种种,故而赵一清径谓:"明人刻书而书亡。"[7]

---

[1] (清)黄廷鉴:《第六弦溪文钞》卷一《校书说二》,载《清代诗文集汇编》第475册,上海古籍出版社2010年影印本,第283页。
[2] 叶德辉著,李庆西校标:《书林清话》卷七,复旦大学出版社2008年版,第159页。
[3] (唐)道宣:《〈广弘明集〉跋》,转引自张秀民著,韩琦增订《中国印刷史》(上),浙江古籍出版社2006年版,第376页。
[4] (清)永瑢等:《四库全书总目》卷四经部易类四,《易源奥义一卷周易原旨六卷》条语,中华书局1965年版,第23页。
[5] 《四库全书总目》卷七十九史部职官类,《三事忠告四卷》条语,中华书局1965年版,第687页。
[6] 《四库全书总目》卷一百十八子部杂家类二,《容斋随笔十六卷续笔十六卷三笔十六卷四笔十六卷五笔十卷》条语,中华书局1965年版,第1020页。
[7] (清)赵一清:《水经注释附录》卷下,《景印文渊阁四库全书》,台湾商务印书馆1986年版,第575册,第694页。

蒋孝生活在明代中后期，他在刻书时无疑也受到明人刻书妄改积习的影响，以他刊刻的《中唐十二家诗集》为例，这部书中诸家诗集的卷数便是蒋孝"以意为之编次"的结果。

傅增湘对于《中唐十二家诗集》曾有过评价：

> 按蒋氏自序言，以家藏钞本付梓，然以诸家集考之，其储、钱、王、贾、卢、刘长卿卷数与旧本相符，崔、孙二集无旧本可证，第寥寥数页，其原编当为一卷可知。惟《毗陵集》本为二十卷，今只录其诗三卷，证以席刻正同，或亦出于旧编。若《刘宾客集》之作六卷，《张籍集》之作五卷，《李义山集》之作六卷，则遍检古今书目，毫无所据依，疑蒋氏以意为之编次，殊失矜慎之道矣。然明人勇于传刻，而标题编次往往轻变古式，殆已习为风气，不知其非，于蒋氏又何责焉！①

傅氏一方面指出了蒋刻在卷数方面毫无依据的缺陷，同时也能将这种缺陷置于明代的大环境中考量，评价可谓公允。

可见身处明代出版业大环境之中，蒋孝亦不能免俗。若探究明人这种改书风气之缘由，历来都以为坏于人心。早在嘉靖年间，田汝成便感叹道："重利而轻名，但顾眼底，百工皆然，而刻书尤甚。"② 到了清初，顾炎武更斥道："万历间，人多好改窜古书。人心之邪，风气之变，自此而始。"③

诚然，改书是明代文化界的风气使然，从书籍的文献价值角度来看，恣意改书无疑是应该被否定的。然而在明代，对戏曲类书籍的改动则有其合理之处。今人缪咏禾从明代出版业整体的高度观察到这种独特现象：

---

① 傅增湘：《藏园群书题记》卷十八，上海古籍出版社 1989 年版，第 892 页。
② （明）田汝成辑撰：《西湖游览志余》第 25 卷，上海古籍出版社 1998 年版，第 358 页。
③ （明）顾炎武著，（清）黄汝成集释，栾保群校注：《日知录集释》卷十八，浙江古籍出版社 2013 年版，第 1089 页。

各种图书在重刻翻印时，都力求保存原来面目，不能由印行者随便改动，唯独剧本不同。一本戏在演出时常标榜"新编"，在情节上出新，以吸引观众。不同版本的戏剧，更被人改成各种面貌。这是戏剧图书出版的特有现象，十分值得重视。①

缪氏不但看到了戏曲类书籍这种独特的现象，他还进一步指出了这种改编的出发点有二："一是从伦理着眼，修改故事情节和人物忠奸，主题思想起了变化；二是从艺术着眼，使故事情节更合理，针线更细密，文辞更优美，唱腔更适合演出。"② 缪氏说的这两方面的改编，从改编者的角度来看，约略可分为民间性质的改编与文人性质的改编。前一种改编的特点往往是世代累积③的、不具名的，而后一种改编的特点则是主动的、有意识的。

前一种改编，在明凌濛初刻朱墨本《琵琶记》书前弘治戊午年（1498）白云散仙④作的序中就已经注意到：

本记云："不关风化体，纵好也徒然。"又谓："伯喈弃亲不顾，弃妻别娶，事斁彝伦，何关风化？赵氏孤身远行，入寺乞粮，玷身莫甚焉。牛氏背父从夫，九问十不答，不敬莫过焉。又何关于风化乎？此失之大者。小节未可概举。由是观之，似非高明者所作。然词曲富丽，有非庸流可到。窃意作于高明，而乱于庸流者耳。"⑤

---

① 缪咏禾：《中国出版通史·明代卷》，中国书籍出版社2008年版，第108页。
② 缪咏禾：《中国出版通史·明代卷》，中国书籍出版社2008年版，第108页。
③ 参见徐朔方《论书会才人——关于世代累积型集体创作的编著写定者的身份》，载徐朔方著，廖可斌、徐永明编《古代戏曲小说研究》，浙江大学出版社2008年版，第29—35页。
④ 凌濛初刻朱墨本《琵琶记序》落款云："弘治戊午菊花新时白云散仙书于双桂堂。"
⑤ 吴毓华编：《中国古代戏曲序跋集》，中国戏剧出版社1990年版，第41页。

所谓"乱于庸流"等于说他所看到的《琵琶记》已经被改编了。这里白云散仙的话虽然只是推测，然而却道出了明代前期普遍存在，且潜伏于民间的戏曲改编力量。

而到了嘉靖以后，文人开始大规模地加入戏曲创作的队伍，他们纷纷祭出改编的大旗，主动地、有意识地对前代作品或故事进行改编。嘉靖间人李开先①便是其中之一。他在自己所编的《改定元贤传奇》序中说：

> 就中又精选十六种，删繁归约，改韵正音，调有不协，句有不稳，白有不切及太泛者，悉订正之，且有代作者，因名其刻为《改定元贤传奇》。②

《改定元贤传奇》是现存明人整理元杂剧的最早刻本。这里李开先列举了他改编元杂剧的种种原则，改编在他看来不但是正常的，而且也是一件值得标举的事情。纵观中国戏曲史，像李开先这样的明代中后期文人，他们对前代作品不但有再造的冲动，更有重建的信心与才华，他们以自己的实际行动成就了中国戏曲史上的一段高光时期。③这就是前述文人性质的改编。

蒋孝虽然没有创作过戏曲作品，但是在他编刻的书中却记录下了时人对戏曲作品进行改编的痕迹。以《蒋谱》为例，向来对它的批评主要认为它所选"多鄙俚及失调之曲"④。自沈璟以降，古人论《蒋谱》之"失调"尚能做到有理有据，而言其"鄙俚"则未免出于偏见。因蒋孝选曲多取自坊本，而这种对坊本的鄙夷

---

① 李开先（1502—1568），字伯华，号中麓，自称中麓山人、中麓孜客。明世宗嘉靖八年（1529）进士。山东章丘人。
② 吴毓华编著：《中国古代戏曲序跋集》，中国戏剧出版社1990年版，第51页。
③ 比如汤显祖的《牡丹亭》无疑就是一部再造重建的典范之作。参见张福海《汤显祖的戏剧创作与"改本"精神——戏剧史上一条显在的但却未被理论揭示的创作路线》打印稿。另参见江巨荣《〈牡丹亭〉，戏曲改编的典范之作》，载《明清戏曲：剧目、文本与演出研究》，上海古籍出版社2014年版，第235—262页。
④ （明）王骥德著，陈多、叶长海注释：《曲律注释》，上海古籍出版社2012年版，第327页。

更多是出于文人士大夫惯有的对于俗文学的偏见。须知戏曲版本与一般诗词文赋版本情况不同,正如孙崇涛先生所总结的:"戏曲的不同版本,有时甚至内容差异很大,语句文字几乎面目全非。之所以出现这种现象,原因并不主要是传刻过程造成,主要是由于戏曲版本对戏曲艺术本身存在依附关系所决定。不同的戏曲艺术形态,就会产生不同的戏曲文本,亦即不同的戏曲版本。"① 坊本之"鄙俚"归根结底无非是与所谓"原本"文辞不同,而这恰恰是戏曲作为一种"活"的艺术正在不断流传、生长的反映。② 艺人、文人都可能根据实际创作情况,凭借自己的判断对曲词作出修改。

比如《旧编》【仙吕引子·天下乐】,蒋孝为它选了一首《琵琶记》里的作品:

一片花飞故苑空,随风舞到帘栊。玉人怪问惊春梦,恨东风羞落红。

而到了《沈谱》中,沈璟改第二句"舞"为"漂泊",改第四句"恨"为"只怕",构成四句七字齐言体。沈璟这两处改动所据应该是他所见到的某版《琵琶记》③,但是《旧编》把【天下乐】定作七、六、七、六句式,亦非无据。比如《张协状元》中【天下乐】便是七、六、七、六句式:

春到郊原日迟迟,枪旗展山谷里。幽居古庙混无侣,采些茶为活计。④

既然《蒋谱》中的曲文多是"其调与谱合"者,那么他将【天下乐】录作

---

① 孙崇涛:《戏曲文献学》,山西教育出版社2008年版,第117—118页。
② 坊本是中国明代中晚期戏曲流传的最主要媒介,世德堂、富春堂、文林阁、继志斋、汲古阁等著名书坊刊刻的戏曲书籍无不为我们提供了丰富的戏曲流变、流布等多方面的资料。
③ 今查《新刊元本蔡伯喈琵琶记》第三十五出原文与《沈谱》同。参见钱南扬《元本琵琶记校注 南柯梦记校注》,中华书局2009年版,第201页。
④ 钱南扬校注:《永乐大典戏文三种校注·张协状元》第四十一出,中华书局2009年版,第176页。

七、六、七、六句式的原因一定是他看到了某种版本的《琵琶记》作七、六、七、六句式。何况从文辞角度来看,"舞""恨"两字较之《沈谱》所用的"漂泊""只怕",非但不俚俗,恐怕还更为雅驯吧。蒋孝这一工作实际上也为我们保存了另一种版本的《琵琶记》曲文。考虑到其句式与《张协状元》相同,蒋孝参考的这一版《琵琶记》或许来源更古,而我们现在看到的《琵琶记》反倒可能是晚出的版本。

三、明人复古思潮中的蒋孝诗歌创作与诗学主张

明初高棅《唐诗品汇》将唐诗分为初、盛、中、晚,且特别标举初、盛唐诗,高棅这种分期后又经前后七子推波助澜,"诗必盛唐"之说更是甚嚣尘上。故而《明诗别裁集》沈德潜序云:"宋诗近腐,元诗近纤,明诗其复古也。"①在这种复古思潮之中,蒋孝的诗歌创作自然也受其影响。同时,在嘉靖中叶另一股学习中唐的诗风也因皇甫汸、皇甫涍、华察等人的提倡而兴起。蒋孝刊刻《中唐十二家诗集》以及他为此书所写的序,恰恰反映出他亦受到了此新变之风的影响。

(一)蒋孝的诗歌创作

据《光绪武进阳湖县志》卷二十八记载,蒋孝原有《户部集》一种,已佚②。现从《国雅》中辑得其诗作九首③。

---

① (清)沈德潜、周准编:《明诗别裁集》沈序,上海古籍出版社1979年版。
② 《光绪武进阳湖县志》,《中国地方志集成·江苏府县志辑》37,江苏古籍出版社1991年影印本,第727页。另据南京师范大学古文献整理研究所编著《江苏艺文志·常州卷》,江苏人民出版社1994年版,第124页"蒋孝"条记载有:"《户部集》,集部别集类,存,明嘉靖三十七年刻本。"不知所据为何。凤凰出版社2019年10月出版的《江苏艺文志》增订本中《户部集》虽仍标为"存",但未注明庋藏何处。
③ 八首诗均收入顾起纶辑《国雅·续国雅·国雅品》,《四库全书存目丛书补编》,齐鲁书社2001年版,第15册,第564—565页。

冬日惠山作①

夙负山水癖，惠麓成独往。

高原木叶尽，岩岫出林莽。

灵泉散古瓮，细石发清响。

寒芜涧道远，落照洞冥朗。

扪萝入精庐，欲觅生公讲。

从兹宝林隐，日夕②寄遐想。

惠山在无锡是一处著名的景点，古来文人雅士畅游接踵，多有题咏传世。明人谈修辑有《惠山古今考》收唐至明有关惠山的诗文，蒋孝这首《冬日惠山作》亦被收入其中。诗写蒋孝独自游玩惠山时所见一派冬日清幽、空寂的景象，这种远离尘嚣的寂寥、高远不免让人心生超脱人世之感，诗末蒋孝使用"生公讲经"之典，表达自己因此情境油然而生的出世隐逸之心。

送顾九华还江东③

对君赋碧草，送君灵山东④。

白马盘雕鞍，腰裹嘶长风。

---

① 本诗另见（明）谈修《惠山古今考十卷附录三卷补遗一卷》卷九，《四库全书存目丛书》，齐鲁书社1996年影印本，史部，第233册，第585页。

② （清）裴大中等：《无锡金匮县志》卷三十三，清光绪七年（1881）刊本，台湾成文出版社1970年影印本，第569页，录此诗"日夕"作"日久"。

③ （明）彭孙贻撰辑：《明诗钞》卷二，影印海盐张氏涉园藏本《茗斋集附明诗钞》，《四部丛刊续编》，商务印书馆1934年版，集部，第28册。（明）陈继儒：《国朝名公诗选》卷五，上海图书馆藏天启元年（1621）刻本，两书此诗题作《送友人之江东》。

④ 《明诗钞》《国朝名公诗选》收此诗"灵山东"作"之江东"。或以为"灵山"即无锡灵山，与诗题还江东之意不符，遂改为"之江东"，但《国雅》收此诗为"灵山东"，顾起纶似不应在自己所编的书中把一首送自己的诗弄错，且全国"灵山"众多，未必即指无锡灵山。

路旁柳枝绿堪折，下马当筵赠离别。

后夜①与君相忆时，不独江南有明月。

《送顾九华还江东》是首送别诗，顾九华即顾起纶。"赋碧草"用了江淹"幽冀生碧草，沅湘含翠烟"②一典。"不独江南有明月"一句则化自李白《月下独酌》，蒋孝以此宽慰自己虽身处异乡依旧可与明月对影成伴。再看《观荆川舞日本刀歌》一诗：

观荆川舞日本刀歌

乘春远赴东丘招，酒酣示我日本刀。

犀皮历录胶股缚，斜日半照龙纹高。

流血模糊染殷色，刺眼晶银雪花白。

睥睨浑如光怪生，知有冤魂嚎昏黑。

唐公起舞如刘琨，磅礴挥耆还鸥蹲。

乍见犹疑白丸走，转盼陡觉清水翻。

舞罢收奁贮寒碧，有客悲时泪沾臆。

天生利器在远夷，横使良民罹锋镝。

前年血溅刘家河，去岁王师复倒戈。

美女舍啼归海舶，健儿委甲仆清波。

昔日吴宫烂如锦，乱后家家掇遗烬。

洞户雕房总劫灰，百代繁华一朝尽。

刀兮刀兮如发硎，断波截海夷鲛鲸。

安得尽收置武库，顿令海宇歌升平。

---

① 《明诗钞》《国朝名公诗选》收此诗"后夜"作"别后"。
② 江淹送别好友袁炳之诗《贻袁常侍》。

这首诗同前七子领袖李梦阳的《石将军战场歌》一样，很明显是在模仿杜甫的长篇歌行。杨慎曾评论李梦阳诗云："观其乐府，幽秀古艳，有铙歌、童谣之风；古诗缘情绮靡，有徐、庾、颜、谢之韵。"[①] 这句话也可以用来评价蒋孝的这首诗。题中荆川即唐顺之，他不但是文人，也是一位抗倭名将。据上文所引《国雅品》可知蒋孝与他的交往颇深。由诗中"前年血溅刘家河，去岁王师复倒戈"一句可知此诗约作于嘉靖三十五年（1556）。[②] 全诗先描绘日本刀的外观，后写唐顺之舞刀之状；继而笔锋一转，想到倭寇肆虐后的东南沿海满目疮痍的景象，不禁泫然；最后诗人发出"刀兮刀兮如发硎，断波截海夷鲛鲸"的呼唤，实际是期望能早日平定倭乱，还海宇以太平。整首诗一气盘旋而下，流转奔逸，不仅有"豪爽"之气，更有高远的立意，在起承转合之间饱含了充沛的情感，亦是蒋孝现存诗作中不可多得的佳作。

另附唐顺之《日本刀歌》：

> 有客赠我日本刀，鱼须作靶青丝缏。
> 重重碧海浮渡来，身上龙文杂藻荇。
> 怅然提刀起四顾，白日高高天冏冏。
> 毛发凛冽生鸡皮，坐失炎蒸日方永。
> 闻说倭夷初铸成，几岁埋藏掷深井。
> 日淘月炼火气尽，一片凝冰斗清冷。
> 持此月中斫桂树，顾兔应知避光景。
> 倭夷涂刀用人血，至今斑点谁能整。

---

① （明）杨慎：《李何精选诗序》，载吴文治主编《明诗话全编》，江苏古籍出版社1997年版，第2207页。
② 嘉靖三十三年(1554)四月，倭寇入刘家河，登岸后劫掠娄塘，焚烧民舍十七日乃去。参见范中义、仝晰纲《明代倭寇史略》，中华书局2004年版，第116页。

精灵长与刀相随，清宵恍见夷鬼影。

迩来鞑靼颇骄黠，昨夜三关又闻警。

谁能将此向龙沙，奔腾一斩单于颈。

古来神物用有时，且向囊中试韬颖。

《国雅品》说蒋孝"颇任侠气""放浪自适"，秉持着这一旷达之性，想必蒋孝能结识不少朋友，故而现在其留存下来的诗歌也大多是与友人唱和赠答之作。这些诗主要以五律、七绝写就，比如以下四首：

赠顾少参

白下今才子，华阳旧隐居。

蚤辞南省贵，来著北山书。

邑有卢敖井，山缠① 内史庐。

堂前曳珠履，宁羡食无鱼。

瓜渚代妓别凤梧

高楼吹玉彩霞明，试听秦娥曲里声。

江上风波郎莫渡，桃花桃叶总关情。

送虞经府往潮州

幕官初拜郡，三月下南中。

晓涨潞河雨，春寒榆荚风。

山穷粤岭外，天落海门东。

---

① （清）朱彝尊选编：《明诗综》卷四十三，中华书局2007年版，第2132页，"山缠"作"山藏"。

为问虞卿去，何年上国逢。

题锁鸿胪卷

美人貌比百花娇，金雀齐飞掩翠翘。

目断彩云双凤去，碧桃花底坐吹箫。

　　《赠顾少参》一首是蒋孝赠予顾可适[①]的诗。顾可适尝累官广西布政使参议，故被称作"顾少参"。后来顾氏乞养归家，以病致仕，故诗中描述其行迹云"蚤辞南省贵，来著北山书"，更是连用"卢敖""华阳旧隐居""珠履""食无鱼"等典故，来强调他归隐不出仕的状态。《瓜渚代妓别凤梧》一首赠别之人或为陈凤梧[②]，其官至南右都御史，巡抚应天十府[③]，大抵就在这期间他曾与蒋孝相结识。诗中描绘的宴飨场景恰可与《国雅品》中说蒋孝"游燕名处，每临赏，辄酾畅忘还"的话相映照。另外两首诗中的"虞经府""锁鸿胪"不知何人，但同样体现出蒋孝交友之广泛。蒋孝最后一首佚诗便是《白鹤词》，上文已引，这里不再重复。

　　另外，陈继儒《国朝名公诗选》收有蒋孝两首诗，一首是《送友人之江东》（即《送顾九华还江东》），另一首是《新安李氏园亭》。今查明人杨循吉《松筹堂集》亦收此诗[④]。《松筹堂集》刊于万历初年，而《国朝名公诗选》则刻于天启朝，后者晚于前者。又《松筹堂集》经顾从德校订，据书前序可知顾氏曾亲炙于杨循吉，有这一层亲近的关系在，顾从德当不会弄错诗的作者，故而此诗属杨循吉的可能性更高。兹将全诗迻录于下，聊备一说：

---

① 顾可适（1482—1539），字与行，号蓉峰。无锡人。正德三年（1508）进士。
② 陈凤梧（1475—1541），字文鸣，号静斋，江西泰和人，弘治九年（1496）进士。
③ 应天十府为：应天、苏州、常州、镇江、松江、徽州、太平、宁国、安庆、池州，另加广德州。
④ （明）杨循吉：《松筹堂集》卷二，《四库全书存目丛书》，齐鲁书社1997年影印本，集部，第43册，第197—198页。

新安李氏园亭[①]

　　夫君雅好奇，卜居富林野。

　　远续乃祖贤，开园遂成趣。

　　池塘拟山涧，樊垣护芳树。

　　纂纂朱实垂，嘤嘤野禽鹜。

　　荷锄岂不高，兼得理生绪，

　　正畦方砺隅，育蔬先去蠹。

　　尊身有至术，于兹道咸具。

　　鸣琴白日永，垂钓苍波骛。

　　庵馆足藏用，坟典惟业素。

　　慨思黄绮流，园公亦名著。

　　肥遁今式符，优游摈尘务。

　　闻风想超旷，怀胜冀欣晤。

　　眷言嘉令德，援毫赋长句。

（二）蒋孝的诗学主张

　　蒋孝编刻《中唐十二家诗集》的时间是嘉靖二十九年（1550），在这之前的明代诗坛，于唐诗推崇初盛，贬黜中晚，已成一时之风气。而到了嘉靖中叶，这种风气稍稍有转变之势。皇甫汸、皇甫涍、华察等人开始对前七子"诗必盛唐"之说有所反思，进而提倡学习中唐。明人胡应麟在谈及皇甫汸时说："皇甫子循，以六朝语入中唐调，而清空无迹。"[②]亦是说明了皇甫汸效仿对象从六朝而至中唐的转变过程。其实若论观念之转变，蒋孝在嘉靖二十五年（1546）就曾刊刻陶渊明文集《陶靖节集》，并称赞陶诗"汎汎乎上规《骚》《雅》"。可见这时的蒋孝就已

---

① （明）陈继儒辑：《国朝名公诗选》卷五，上海图书馆藏天启元年（1621）刻本。
② （明）胡应麟：《诗薮》续编卷二，中华书局1962年版，第356页。

经对于前七子"诗弱于陶"[1]的判断有了自觉的反思。而在明代复古派诗论的氛围之下,蒋孝于嘉靖二十九年刊刻《中唐十二家诗集》这一行为本身更是预示了明代诗坛这一新的变动。这说明蒋孝对中唐诗的看法也已摆脱了"文至西京,诗自中唐而下,一切吐弃"[2]的偏见。特别地,在《中唐诗序》(图1-4)中蒋孝更是肯定了中唐诗的价值:"格深律正,所以寄幽人贞士之怀,以发忧沉郁抑之思者,盖已妙具诸品矣。"蒋孝对中唐诗"格深律正"的正面评价也恰是其诗歌观念的体现。

兹录《中唐诗序》《陶靖节集跋》两文于下。

中唐诗序[3]

《诗》者,六经之一。《离骚》继风雅之变,而五七言之体兴焉。邪正异裁,今古殊调,《三百篇》之义其失已久。至于模写物类,摅发志意,则未尝不本之性情。礼失而求诸野,然则古人之篇咏亦未可尽废也。予性嗜古人书,见书辄手录,以故家多书。道者获寻旧业,因读开元以后诸诗,遂掇数家授梓,以赡口实。是虽不能窥望六义,而格深律正,所以寄幽人贞士之怀,以发其忧沉郁抑之思者,盖已妙具诸品矣。呜呼!士君子不能以道自致,而窃附于古人,不能根极理要,而取古人之文词,则先儒所谓文词而已者,陋矣。虽然,一觞一咏于十亩之间,斯亦足以内观性情,而乐乎天倪。是则诗人之助为多,不诚愈于"犹贤乎已"者哉。是集也,自储光羲以下凡若干人,古今以为中唐诗云。

嘉靖庚戌春三月,毗陵后学蒋孝书

---

[1] 语见何景明《与李空同论诗书》。
[2] 《明史》卷258《文苑传》,中华书局1974年标点本,第7307页。
[3] (明)蒋孝辑:《中唐十二家诗集》卷首,上海图书馆藏嘉靖二十九年(1550)刻本。

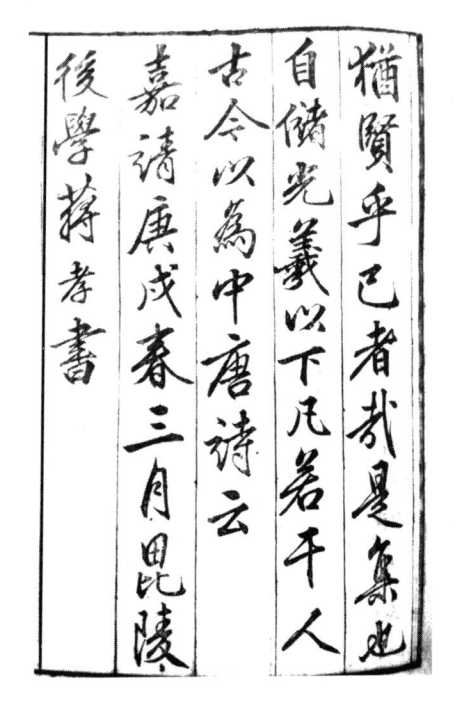

图 1-4　蒋孝手书《中唐诗序》，上海图书馆藏嘉靖二十九年刻本

陶靖节集跋[①]

　　彭泽、柴桑、栗里皆属九江治，先生出处大节，浮沉兹土者，凡若干年。昔人论取善当尚友千古，况居先生之乡哉。孝视権浔阳，尝考求先生陈迹，已漫无可寻，惟《靖节集》家传人诵，渢渢乎上规《骚》《雅》，则宛然见先生焉。先生之学已得其大，如《形神影》《赠》《答》诸篇，皆圣门性与天道微旨，汉魏文章之士不逮也。士有尚友之志，而居先生之乡，诵其诗、读其书，以知其人，斯《集》之新可但已乎。《集》共十卷，诸体各为一类，序其事者东厓虞公云。

嘉靖丙午嘉平月，武进后学蒋孝跋

---

① 《陶靖节集》卷末，上海图书馆藏嘉靖二十五年（1546）刻本。

附：虞守愚《陶集叙》、薛应旂《刻中唐诗序》

陶集叙[①]

（明）虞守愚

岁丙午春三月毗陵蒋移斋以主政榷税浔阳。余适抚历其地，坐论古作，归尚渊明。蒋念此即渊明梓里，谋将刻集以表扬之，余从而力赞其成。既刻乃以叙见属。因揣金玉之下可容击柝之声，辞不获用，敢言曰：吾素珍爱陶集，尝携置座右，时若有得。非为其声格不群也，良以冲澹真适，味之可为性情益耳。何也？性本高明，累之物欲，使卑污矣。夫亦情汩之也。陶眇功名如烟云，视生死犹昼夜，举天下物无一足婴其心，其胸次识度何如耶。故其发之为诗文也，妙绝而不可及欤。若其曲糵日娱，盖托以逃夫不臣之迹也，非放也。或此浅之，要非知靖节者。呜呼！世得孔子为之师亦仅见闵之在汶鲁之浴沂而已，岂图两晋中有若人哉？蒋兹刻集以传，固表贤，实取益也。故叙。

嘉靖岁次丙午秋七月既望，义乌后学虞守愚书于洪都

刻中唐诗序[②]

（明）薛应旂

移斋蒋子惟忠得中唐人诗十家刻成，语薛子序之。

薛子曰：文章与时高下，而声音与政相通。诗固声之成音，而尽文章之变者也。古昔盛时，行人采之，太史陈之，以观民风、察治忽，而季

[①] 《陶靖节集》卷首，上海图书馆藏嘉靖二十五年（1546）刻本。
[②] （明）蒋孝辑：《中唐十二家诗集》，上海图书馆藏嘉靖二十九年（1550）刻本。此文亦收入（明）薛应旂《方山全集》，《续修四库全书》，上海古籍出版社2002年影印本，第1343册，第139—140页。

札、赵孟亦因之以论世观人，是盖言之不可以已者也。自三百篇后，汉魏六朝代有作者，唯唐以之设科，士类兴起。迨至中叶，沉涵超悟，舒愫发情，不靡不弱，宛然真切，而三百年污隆升降之会，一讽咏而可得矣。虽其人品造诣不能皆同，而言有可取，固不当以人而废。矧其间若独孤常州者，尚德艺经，立宪诫世，深为梁肃、崔祐甫诸人之所揖让，刻诸吾郡，固亦甘棠之遗音也。蒋子杜门自修，考业尚友，其为是也，又岂将止于诗学而已哉！余故乐为之序。

嘉靖庚戌春二月既望，外方山人薛应旂

第二章

蒋孝曲学著作考述

本章由三部分组成，首先论证了《新编南九宫词》是蒋孝所编；其次考察《旧编南九宫谱》与《新编南九宫词》的版本及庋藏情况；最后阐明了两谱的命名理由与历史定位。

第一节　蒋孝与《新编南九宫词》

《新编南九宫词》是一部南曲集，它以仙吕、正宫、中吕、南吕、黄钟、越调、商调、大石调、双调九个宫调依次排列，共收小令五十六首、套曲七十六套，因只题"三径草堂编"，其辑录者究竟是谁，历来不甚明确。郑振铎在1930年为影印《新编南九宫词》(《西谛景印元明本散曲》第一种)所写的跋中还无法确定该书编撰者，只是说："三径草堂殆（蒋）之翘先人之别署欤？"① 到了1937年他的《西谛所藏散曲目录》中则认定此书作者为蒋孝：

---

① 《新编南九宫词》，民国十九年（1930）庚午长乐郑氏景印明刊本。

此书亦天一阁旧物。余于八年前，旧历岁除之夕，从乃乾许，得天一阁旧藏词曲十余种，为生平大快事。此即其中之一也。影印百部后，原本即归诸北平图书馆。其所藏旧编《南九宫谱》，与此书版式相同，当为同时所刊。且当亦同出蒋氏所编。①

郑振铎将此谱编者定为蒋孝的主要根据是版式相同。此版《新编南九宫词》的版式如下：四周黑边、白口、单黑鱼尾、半页十二行、二十四字。这个版式与1948年《玄览堂丛书》三集影印的《旧编南九宫谱》相同②，并且两书版心文字也较为相近。《旧编南九宫谱》(《玄览堂丛书》三集本)版心文字主要有："九宫序""九宫目""十三调""九宫谱"。《新编南九宫词》(《西谛景印元明本散曲》本)版心文字主要有："南词目""九宫（或作九宫词）""中吕词""南吕词""越调词""商调（或作商调词）""大石调""双调词"。虽然如此，版式相同并不能成为两书编者是同一人的充分条件。③

事实上，在很长一段时间内研究者们对于《新编南九宫词》的编者并没有形成统一的认识。比如1938年傅惜华为《续修四库全书总目提要》"戏曲类"撰写提要，录有《旧编南九宫谱》十卷（北京图书馆藏万历间三径草堂刻本），与《南九宫词》④不分卷（北京图书馆藏万历间三径草堂刻本）。其中《旧编南九宫谱》题"明蒋孝撰"⑤，而《南九宫词》则云：

> 未题选人名氏……其【正宫】【黄钟宫】两部之首，并题曰"三径草堂

---

① 郑振铎：《西谛书跋》，文物出版社1998年版，第360页。
② 需说明的是《玄览堂丛书》三集的底本为张钧衡、张乃熊父子旧藏，其流传别有途径，并非北平图书馆藏本，详见下文。
③ 另外，《新编》与《旧编》九个宫调的排列顺序也是一致的，这与其他一些曲集，如《盛世新声》《雍熙乐府》有所不同。
④ 即《新编南九宫词》。
⑤ 《续修四库全书总目提要》（稿本）第3册，齐鲁书社1996年影印本，第418页。

编"。按明末天启、崇祯间,蒋之翘所刻书籍每署"三径草堂"。此本不载嘉、隆以后人作,版刻字体,全同万历初元。然则"三径草堂",殆之翘先人之别署耶?①

王重民《中国善本书提要》中也录有两书,分别是"《旧编南九宫谱》十卷,二册(北图)""《新编南九宫词》九卷,一册(北图)"。其中"《新编南九宫词》九卷"一条云:

> 原书不著编纂人姓氏……余前疑三径草堂为蒋之翘堂名,然无确证……亦不知蒋维忠字号堂名及所刻书名,其人与是书有关与否。②

又如罗锦堂《锦堂论曲》中写道:"新编南九宫词,究竟为谁所辑录,现在已不可考。"③

再如《中国曲学大辞典》中的"《新编南九宫词》"词条也只说:"原书不著编纂者姓名……其卷二及卷六下,并刻'三径草堂编'五字。"④

当然,也有一些著述曾提到蒋孝是此谱的编者。如吴晓玲《〈古本戏曲丛刊〉五集序》:

> 尽管他(郑振铎)心力交瘁地在一九三〇年三月自费景印了《西谛景印元明本散曲》的明万历初元蒋氏三径草堂刊本、蒋孝编辑的《新编南九宫词》,仅仅出了一种,往下便难乎其为继了。⑤

---

① 《续修四库全书总目提要》(稿本)第3册,齐鲁书社1996年影印本,第320页。
② 王重民:《中国善本书提要》,上海古籍出版社1983年版,第701页。
③ 罗锦堂:《锦堂论曲》,台湾联经出版事业公司1977年版,第569页。
④ 齐森华、陈多、叶长海主编:《中国曲学大辞典》,浙江教育出版社1997年版,第639页。
⑤ 《〈古本戏曲丛刊〉五集》,上海古籍出版社1985年影印本,第1册,序第1—2页。

第二章 蒋孝曲学著作考述

然而文中并没有给出蒋孝是《新编南九宫词》编者的理由，或许只是因袭郑振铎的后一种说法。①

另外，1916年张钧衡的私人藏书目录《适园藏书志》中记有：

《南小令九宫谱》二册。蒋孝撰。孝武进人，嘉靖二十三年进士，户部主事。前册《旧编南九宫谱》，次册《新编南九宫词》，署三径草堂编，孝自序。②

张钧衡藏书后为其子张乃熊继承，张乃熊另有《芹圃善本书目》一册，其中著录：

《旧编南九宫谱》不分卷、《新编南九宫词》不分卷。明蒋孝编，嘉靖己酉刊本，八册。③

张氏父子的书目将《新编南九宫词》定为蒋孝编，并且在他们的书目里将两谱作为一个整体记录，这一点值得我们注意。无独有偶，在1930年赵万里作《记长乐郑氏影印明刻〈新编南九宫词〉》时也将两谱联系在一起，他说：

此书题曰"新编"者，实对《旧编南九宫谱》言之。《旧编南九宫谱》题三径草堂刊，与此旧题曰三径草堂编者正同。余尝于平中友人案头见之。据其卷首序文，知即蒋孝《南曲谱》。蒋谱明季已罕见，徐天池《南词叙录》中叙之甚明。今乃知其明代有重刻本，且尚有此书与之辅翼而行，至

---

① 另外如1998年版的《中国古籍善本书目》（上海古籍出版社）和2012年版的《中国古籍总目》（中华书局）都将《新编》著录为蒋孝编，应该也是因袭郑振铎后一种说法。
② 张钧衡：《适园藏书志》卷十六，上海图书馆藏民国五年（1916）刻本。
③ 张乃熊：《芹圃善本书目》卷三下，台湾广文书局1969年版，第56页。

可喜也。此书每半叶十二行，行二十四字，与蒋谱行款不同，然其刊工体势固无稍异。三径草堂未详何人别署，据旧编序文"友人蒋君盈甫手录《南九宫词》"一语观之，似此书即盈甫所辑。郑君举蒋之翘所刻书题三径草堂，谓此书乃蒋姓所编，至此始得其证矣。①

这里赵万里说"新编"相对于"旧编"而言，无疑很有见地。然而他怀疑《新编南九宫词》是蒋盈甫所编，这一看法显然不确。其实文中他提到的《旧编》序文那句话原文如下：

　　适友人蒋君盈甫手录《南九宫词》示余，乃毗陵蒋公汇辑为传奇资者，则又知南词音律亦非与正音枘凿者。②

显然，赵先生忽略了该序文的后半句话："乃毗陵蒋公汇辑为传奇资者。"这句话表明蒋孝才是《南九宫词》的辑录者。然而由于此序冠于十卷本《旧编南九宫谱》前，人们往往将文中所说的"《南九宫词》"等同于《旧编南九宫谱》③。虽然我们不能完全否认这种情况，但也存在着另一种可能：《南九宫词》即指《新编南九宫词》。如果这一猜测成立，那么何钫的序文实际上告诉了我们蒋孝是《新编南九宫词》的编者。④

---

① 《国立北平图书馆馆刊》第四卷第四号，1930年8月。转引自《赵万里文集》第二卷，国家图书馆出版社2012年版，第244页。
② 何钫《〈太和正音南九宫词〉总序》，此序冠于十卷本《旧编南九宫谱》前，是书原为北平图书馆甲库善本，今藏于台北故宫博物院，今由《原国立北平图书馆甲库善本丛书》第九九四册影印出版。另参吴毓华编著《中国古代戏曲序跋集》，中国戏剧出版社1990年版，第97页。
③ 比如周维培《蒋孝与他的〈旧编南九宫谱〉——兼说陈白二氏〈九宫〉〈十三调〉谱目》一文中的相关论述，便是如此。
④ 除以上列举的种种以外，另有台北"国家图书馆"以及台北故宫博物院也都收藏有《新编南九宫词》，其著者皆录作"蒋孝"，详见本章第二节。

以上种种说法皆无法有力地证明蒋孝是《新编南九宫词》的编者。就此未决之问题，本书提出两点证据：

1.《新编南九宫词》中【金索挂梧桐】下有小注云："十三调入南吕。"【画眉序】下有小注云："十三调入商黄。"【画眉画锦】下有小注云："入高平调。"【摊破雁过声】下有小注云："十三调入大石。"【步步娇】下有小注云："入十三调。"这些曲牌都收于《十三调谱》中，可见这里所谓的"十三调"即是《十三调谱》。这说明《新编》的编者对《十三调谱》相当稔熟。

2. 王骥德《曲律》卷第四《杂论第三十九》下有云：

"人别后"曲，蒋氏旧谱谓是高则诚作，亦未必然。①

今查此曲，不见于《旧编南九宫谱》，而收于《新编南九宫词》之【商调】中，乃是由【二郎神】【集贤宾】【黄莺儿】【琥珀猫儿坠】【尾声】组成的套曲。王骥德还说：

旧谱所载古词《咏赤壁》"大江东去"【念奴娇】五调，及杨铁崖《苏台吊古》"霸业艰危"【夜行船序】六调，二词颇具古意。②

此句与前句同属一段，此处"旧谱"当指"蒋氏旧谱"。二词亦不见于《旧编南九宫谱》，而分别收于《新编南九宫词》【大石调】与【双调】之中。

《曲律》一书中曾多次提及蒋孝其人，综观全书，王骥德未提过其他蒋姓人名，故而这里的"蒋氏"指的应当就是蒋孝。既然这两处内容都保存在《新编南九宫词》中，那么至少说明在王骥德的认知中蒋孝是《新编》的编著者。同时，他也是目前已知最早认定蒋孝是《新编》编者的人。况且《曲律》中还录出了

---

① （明）王骥德著，陈多、叶长海注释：《曲律注释》，上海古籍出版社2012年版，第343页。
② （明）王骥德著，陈多、叶长海注释：《曲律注释》，上海古籍出版社2012年版，第344页。

《旧编》目录,说明他一定看到了蒋孝原书,对蒋孝著作情况较为了解。因此,王骥德时代虽稍晚于蒋孝,但这两条材料仍旧是比较可信的。至于《曲律》中之所以称《新编》为"旧谱",大抵只是作为一个泛称,并非专指《旧编》。

综上所述,可以认定蒋孝便是《新编南九宫词》的编著者。

第二节 《旧编南九宫谱》与《新编南九宫词》的版本以及庋藏情况

一、《旧编南九宫谱》与《新编南九宫词》的版本情况

综合笔者知见材料,现存有两种《旧编南九宫谱》的版本:

1. 明嘉靖二十八年蒋孝三径草堂刻本《旧编南九宫谱》,不分卷,南京图书馆有藏(图2-1)、宁波天一阁博物馆有藏。

图2-1 南京图书馆藏明嘉靖二十八年(1549)蒋孝三径草堂刻本《旧编南九宫谱》

第二章 蒋孝曲学著作考述 61

2. 明万历二十二年何钫重刻三径草堂刊本《旧编南九宫谱》[①]，十卷，台北故宫博物院有藏。（图 2-2）

现存的《新编南九宫词》也可能有两种版本：

1. 明嘉靖末年毗陵蒋氏三径草堂刊本，不分卷，台北故宫博物院有藏。（图 2-3）
2. 明嘉靖末年毗陵蒋氏三径草堂刊本，台北"国家图书馆"有藏。[②]

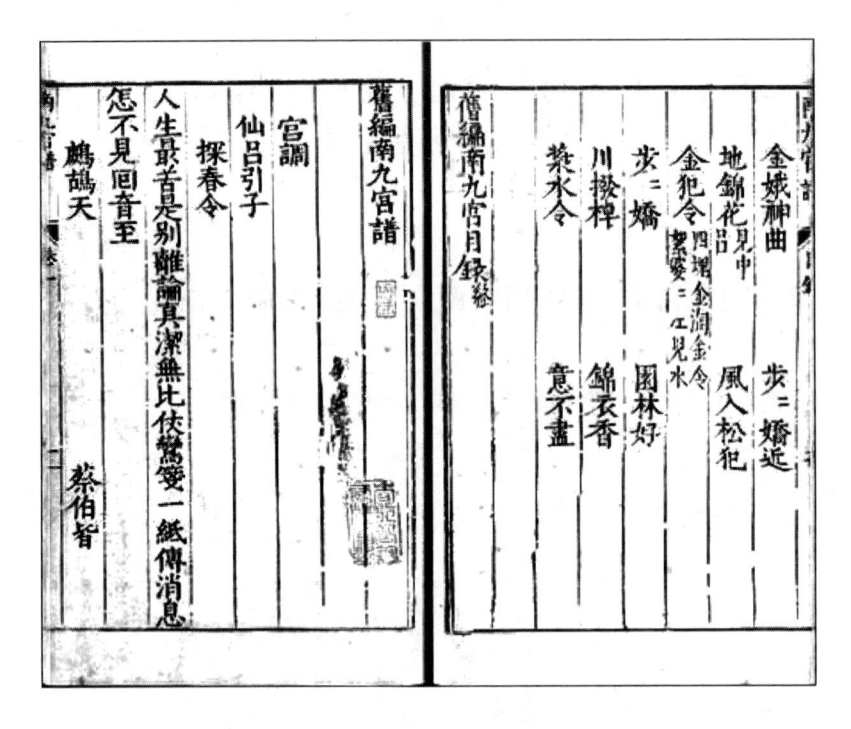

图 2-2　台北故宫博物院藏明万历二十二年（1594）何钫翻刻三径草堂刊本《旧编南九宫谱》

[①] 此版有何钫作的《〈太和正音南九宫词〉总序》一篇，卷一下有"三径草堂刊"字样。多家目录对于此书的版本著录都存在纰漏。有录为"明万历间毗陵蒋氏三径草堂刊本"（台北"国家图书馆"），有录为"明万历三径草堂刻本"（《原国立北平图书馆甲库善本丛书》，国家图书馆出版社 2013 年版）。首先，我们可以确定此版确乎何钫所刻，其次，"三径草堂"也非何钫的堂名。以往的著录等于是说在万历年间蒋孝又刻了一版，这自然是不符合历史事实的。其实，这一版是何钫根据蒋孝刻本《旧编南九宫谱》重刻的，故而关于何钫这一版《旧编南九宫谱》较为妥帖的著录方式应为：明万历二十二年（1594）何钫重刻三径草堂刊本《旧编南九宫谱》。

[②] 这一版本未必存在，详见本节二（12）注 4。

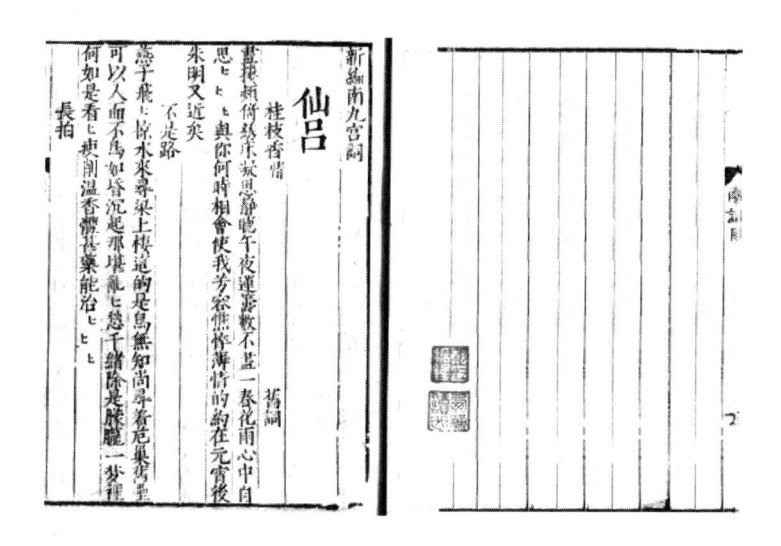

图 2-3　台北故宫博物院藏明嘉靖末年毗陵蒋氏三径草堂刻本《新编南九宫词》

另据傅增湘《藏园群书经眼录》记载，其曾见过：

> 旧编南九宫目录一卷　明写本。（丁巳）
> 十三调南曲音节谱一卷　明写本。（丁巳）①

据这条记录，傅增湘曾于丁巳年（1917）见到过两谱目录，且声言是明写本。这或许便是陈、白二氏所传之《九宫》《十三调》谱？现已不可考。

二、《旧编南九宫谱》与《新编南九宫词》的庋藏情况

既然《新编南九宫词》可以确定为蒋孝所编，那么张钧衡《适园藏书志》中两谱合称为《南小令九宫谱》或许反映了某一阶段两书所处的状态。然而世事变迁，

---

① 傅增湘：《藏园群书经眼录》，中华书局 1983 年版，第 1618 页。

书和人一样也有着聚散离合的命运。下文尝试对它们的聚散流布情况做一番梳理。

历代书目题跋对两书的著录有如下几种（依出版先后排列，上文已有引文者不再详录）：

（1）清范邦甸等编《天一阁书目》卷三之一子部一记录天一阁藏有：

《九宫谱》二册，刊本。明蒋孝编并序。[①]

（2）1916年，张钧衡《适园藏书志》：《旧编》《新编》。
（3）1933年，《国立北平图书馆善本书目》录有：

《旧编南九宫谱》十卷，明蒋孝撰写，明万历刻本。
《新编南九宫词》八卷，明刻本。[②]

需说明的是，在其他公私书目中均未见有著录八卷本《新编南九宫词》，且其后傅惜华与王重民所记《新编南九宫词》均为北平图书馆藏本，皆不作八卷[③]，故此处或有误。

（4）1937年，郑振铎《西谛所藏散曲目录》：《新编》不分卷，得之陈乃乾，天一阁旧藏。
（5）1938年，傅惜华《续修四库全书总目提要》：《旧编》十卷（北图）、《新编》不分卷（北图）。
（6）1941年，张乃熊《芹圃善本书目》：《旧编》不分卷、《新编》不分卷。

另据《影印〈芹圃善本书目〉序》云："其藏书于对日抗战期间，悉售归

---

① （清）范邦甸等：《天一阁书目　天一阁碑目》（上），上海古籍出版社2010年版，第258页。
② 赵万里：《国立北平图书馆善本书目》目四，1933年，第85、86页。
③ 傅惜华记为不分卷，而王重民记为九卷。

'国立中央图书馆',现已迁运来台。"[1]

(7)1957年,《"国立中央图书馆"善本书目》录有:

《新编南九宫词》不分卷一册,明蒋孝编,明嘉靖末年毗陵蒋氏三径堂刊本。[2]

可知,此时张氏父子旧藏《新编南九宫词》已经去到台湾。

(8)1983年,王重民《中国善本书提要》:《旧编》十卷(北图)、《新编》九卷(北图)。[3]

(9)1987年版的《北京图书馆古籍善本书目》[4]已无两书的记录。

如今我们可以通过"台湾书目整合查询系统"[5]查询两种曲谱在台湾的收藏情况。

(10)台北故宫博物院藏有《旧编南九宫谱》十卷(明万历间毗陵蒋氏三径草堂刊本),乃是"本馆(台北'国家图书馆')前代管北平图书馆藏书,已移置故宫博物院"。

(11)台北故宫博物院藏《新编南九宫词》不分卷(明嘉靖末年毗陵蒋氏三径草堂刊本),也是"本馆(台北'国家图书馆')前代管北平图书馆藏书,已移置故宫博物院"。在台北故宫博物院善本古籍资料库[6]可以查看到它的首页书影,有钤印:"郑振铎印""西谛读曲"。可知此书即是郑振铎1930年影印出版之底本。

(12)台北"国家图书馆"藏《新编南九宫词》不分卷(明嘉靖末毗陵蒋氏三径草堂刊本)。版本信息录作:"序:'万历二十二年皇荂子序'。12行、行24

---

[1] 张乃熊:《芹圃善本书目》卷三下,台湾广文书局1969年版,第3页。
[2] 《"国立中央图书馆"善本书目》(中)甲编卷四,台湾"中华丛书委员会"1958年版,第340页。
[3] 此书的书稿写于1939—1949年之间。
[4] 《北京图书馆古籍善本书目》,书目文献出版社1987年版。
[5] http://metadata.ncl.edu.tw/blstkmc/blstkm#tudorkmtop。
[6] http://npmhost.npm.gov.tw/tts/npmmeta/RB/RB.html。

字、单栏、版心白口、单黑鱼尾。藏印有：'国立中央图书馆收藏'朱文长方印、'芹圃收藏'朱文长方印。"可知此书即是原张钧衡、张乃熊父子旧藏，后售归"国立中央图书馆"本。①

另外，《玄览堂丛书》三集所影印的《旧编南九宫谱》中"南小令宫调谱序"下有一方"芹圃收藏"的藏书印。今南京图书馆所藏的明刊本《旧编南九宫谱》，相同位置恰有此印，且多出了"玄览堂""国立中央图书馆藏"两印。由此这一版《旧编南九宫谱》的流传先后顺序也已明朗。

综上所述，关于《旧编南九宫谱》与《新编南九宫词》的流传路径，我们大体可理出两条不同的线索，兹图2-4、图2-5示如下。

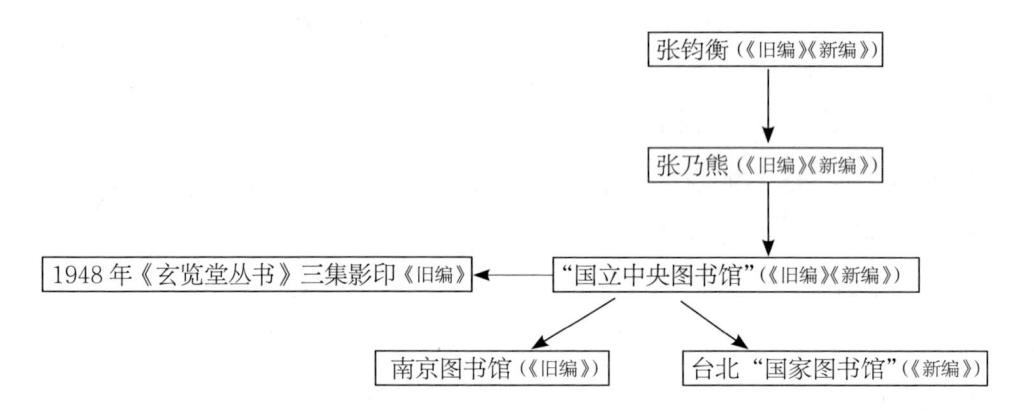

```
                                              张钧衡（《旧编》《新编》）
                                                      ↓
                                              张乃熊（《旧编》《新编》）
                                                      ↓
1948年《玄览堂丛书》三集影印《旧编》 ← "国立中央图书馆"（《旧编》《新编》）
                                              ↙              ↘
                                    南京图书馆（《旧编》）   台北"国家图书馆"（《新编》）
```

图 2-4　张钧衡所藏嘉靖年间蒋孝刻本《旧编南九宫谱》不分卷、《新编南九宫词》不分卷流传路径

---

① 此条版本信息可能著录有误。原因有二：1. "万历二十二年皇甫子序"即《〈太和正音南九宫词〉总序》，该序乃是何钫刊印《太和正音谱》与《旧编南九宫谱》时写的总序，今浙江图书馆所藏的万历何钫刻本《太和正音谱》及《原国立北平图书馆甲库善本丛书》影印的万历何钫刻本《旧编南九宫谱》两书前面都有这篇总序。既然这篇序是为《旧编南九宫谱》与《太和正音谱》而作，同时也没有任何证据表明何钫还曾刊印过《新编南九宫词》，那么此序就不应该出现在《新编南九宫词》前面。2. 根据此条馆藏信息，笔者曾托友人赴台北"国家图书馆"查阅《新编南九宫词》，然而图书管理员并未找到此书。所以笔者怀疑可能因为何钫刻本《旧编南九宫谱》也曾一度保存于台北"国家图书馆"（现该书已交由台北故宫博物院庋藏），"万历二十二年皇甫子序"这条信息很有可能在此期间，误记在了《新编南九宫词》名下。

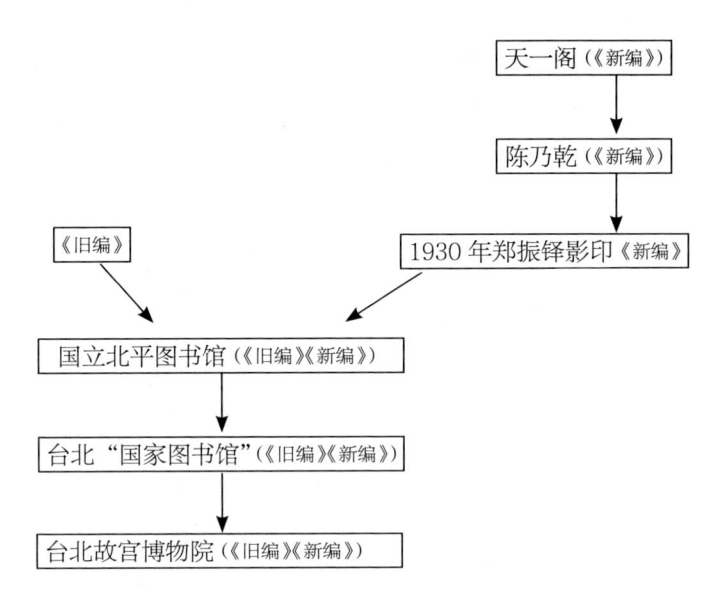

```
天一阁(《新编》)
      ↓
陈乃乾(《新编》)
      ↓
1930年郑振铎影印《新编》
```

```
《旧编》              1930年郑振铎影印《新编》
   ↓                        ↓
   →  国立北平图书馆(《旧编》《新编》)
              ↓
      台北"国家图书馆"(《旧编》《新编》)
              ↓
      台北故宫博物院(《旧编》《新编》)
```

图 2-5　国立北平图书馆藏万历年间何钫翻刻本《旧编南九宫谱》十卷、明三径草堂刻本《新编南九宫词》不分卷流传路径

三、天一阁藏本《旧编南九宫谱》

南京图书馆所藏明嘉靖二十八年蒋孝三径草堂刻本《旧编南九宫谱》因郑振铎于 1948 年将其收入《玄览堂丛书》三集影印出版，早已为学界所知，后《善本戏曲丛刊》第三辑（1984）亦曾影印。台北故宫博物院所藏明万历二十二年何钫重刻本《旧编南九宫谱》原为北平图书馆"甲库善本"，现由《原国立北平图书馆甲库善本丛书》（2013）刊布，亦容易见到。除此之外，通过检索"全国古籍普查登记基本数据库"，我们还能发现在宁波天一阁博物馆藏有一本"明嘉靖三径草堂刻本"《旧编南九宫谱》[①]。查阅相关资料可知，天一阁博物馆所藏的这本

---

① 著录的书名为《旧编南九宫谱十卷附十三调南曲音节谱》，http://202.96.31.78/xlsworkbench/publish;jsessionid=16633826DE175C3CF74DDE76CD71E8A0?keyWord=%E6%97%A7%E7%BC%96%E5%8D%97%E4%B9%9D%E5%AE%AB%E8%B0%B1&orderProperty=PU_CHA_BIAN_HAO&orderWay=asc。

《旧编南九宫谱》为藏书家朱鼎煦（1886—1968）旧藏，1979年由朱氏家属捐赠天一阁博物馆。①天一阁博物馆编的朱鼎煦藏书目《别宥斋藏书目录》录有该书："旧编南九宫谱九卷附十三调南曲音节谱一卷　明蒋孝撰。明嘉靖二十八年刻本，一册。有'酂卿心赏''别宥斋''萧山朱鼎煦收藏书籍'印。"②

天一阁博物馆所藏的《旧编南九宫谱》以往学界未有留意，今将天一阁本与南京图书馆本作一比对，可知南图所藏《旧编南九宫谱》为初印本，天一阁所藏为后印本。具体而言，天一阁本较之南图本主要有三方面改动：1.抽换了部分初印本的版片；2.增补版片；3.对部分印板字句做了剜改。下文将分别举例说明。

1. 抽换版片例一

（1）南图本《旧编南九宫谱目录》【正宫·过曲】（图2-6）第五行列三支曲牌【小桃红】【绿襕踘】【三字令】；天一阁本（图2-7）第五行列两支曲牌【小桃红】【绿襕踘】，【三字令】顺次列入第六行。

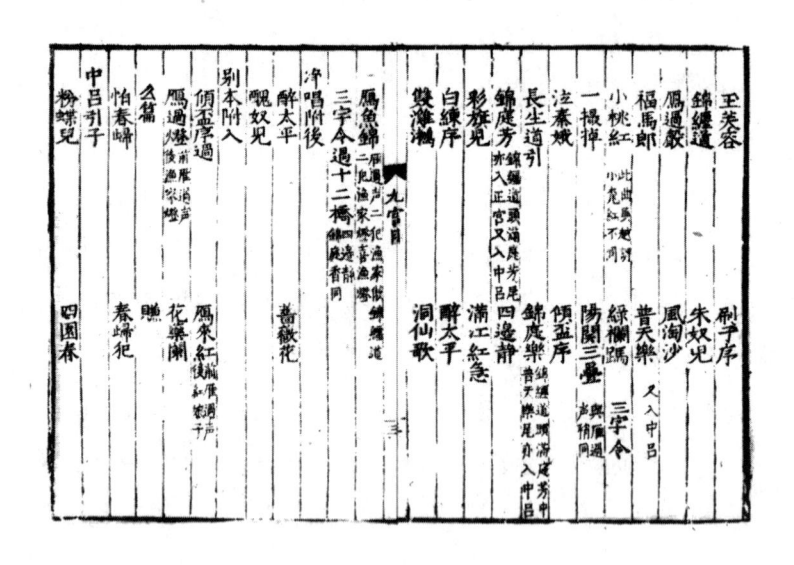

图2-6　南京图书馆藏《旧编南九宫谱目录》【正宫·过曲】

---

① 参见李玉安、黄正雨编著《中国藏书家通典》，中国国际文化出版社2005年版，第875—876页。
② 天一阁博物馆编：《别宥斋藏书目录》（上），宁波出版社2008年版，第645—646页。

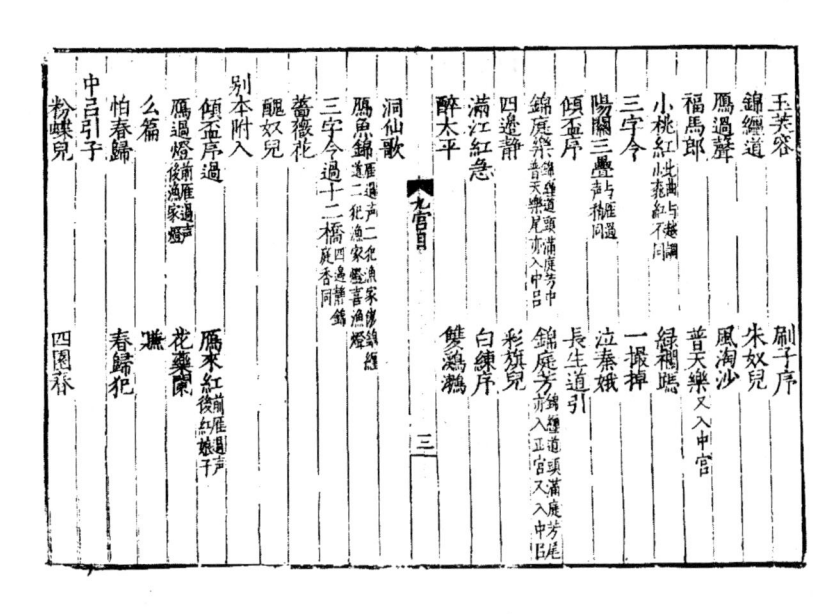

图 2-7　天一阁博物馆藏《旧编南九宫谱目录》【正宫·过曲】

（2）南图本《旧编南九宫谱目录》【正宫·过曲】【小桃红】【普天乐】【阳关三叠】下注释与曲牌空出一字间距；天一阁本【小桃红】【普天乐】【阳关三叠】下注释与曲牌无间距。

（3）南图本《旧编南九宫谱目录》【正宫·过曲】【雁鱼锦】下两行注释分别是 11 字与 8 字；天一阁本【雁鱼锦】下两行注释分别是 10 字与 9 字。

（4）南图本《旧编南九宫谱目录》【正宫·过曲】【三字令过十二桥】下两行注释分别是 3 字与 4 字；天一阁本【三字令过十二桥】下两行注释分别是 4 字与 3 字。

（5）南图本《旧编南九宫谱目录》【正宫·过曲】"净唱附后"下有【醉太平】【蔷薇花】【丑奴儿】；天一阁本无"净唱附后"，在【三字令过十二桥】后接【蔷薇花】【丑奴儿】。[①]

[①] 谱中亦只列有【蔷薇花】【丑奴儿】的曲文，缺【醉太平】曲文。并且谱中亦未注明"净唱附后"字样，只将【蔷薇花】【丑奴儿】顺次列于【春归犯】后。可知，目录中是根据谱文实际情况做了改动。

综上所述，天一阁本所出现的这些改动必然是因为重刻了此页。

2. 抽换版片例二

《旧编南九宫谱》【仙吕入双调】曲文的第十一页【浆水令】一调，南图本（图 2-8）在“响丁当菱花”下有墨丁，而天一阁本（图 2-9）无此墨丁。且全页字迹亦能看出许多明显的不同，兹举如下几例：

（1）右半页第一行“叹”字：南图本嘆，天一阁本嘆。

（2）右半页第一行“赊”字：南图本賒，天一阁本賒。

（3）右半页第三行“里”字：南图本裡，天一阁本裡。

（4）右半页第七行“磁”字：南图本磁，天一阁本磁。

（5）左半页第四行“饶”字：南图本饒，天一阁本饒。

（6）左半页第十二行有“旧编仙吕入双调谱终”，天一阁本无。

综上所述，这些遍布全页的字迹的不同必然是重刻所致，可知此页版片已被抽换。

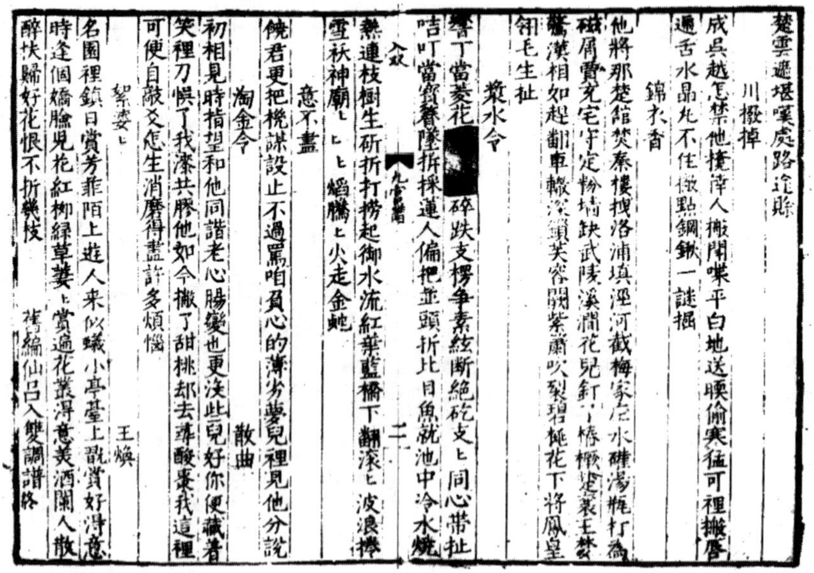
楚雲遮堪嘆處路途賒
川撥棹
成吳越怎禁他攙倖人搬閑喋平白地送暖偷寒猛可裡撇曆
遞舌水晶丸不住撒點鋼鍬一謎搵
錦衣香
他將那楚館焚秦樓拽洛浦填涇河截梅家店水碓湯瓶打為
磁屑實兌宅守定粉墻缺武陵溪澗花兒釘丁椿橛迸裴王婺
鸞漢相如趕斷車轍深鎖芙蓉關紫簫吹裂碧桃花下將鳳皇
翎毛生扯
漿水令
響丁當菱花■碎跌支楞爭素絃斷絕砣支〻同心帶扯
咭叮當寶簪墜拆採蓮人偏把並頭折比目魚就池中冷水燒
入双　九宮譜　二
熱連枝樹生砍折打撈起御水流紅葉藍橋下翻滾〻波浪攀
雪祆神廟〻〻〻焰騰〻火走金蛇
意不盡
饒君更把機謀設止不過罵咱負心的薄劣夢兒裡見他分說
淘金令　散曲
初相見時指望和他同諧老心腸變也更沒些兒好你便藏着
笑裡刀惧了我漆共膠他如今撇了甜排却去尋酸棗我這裡
可使自敲爻怎生消磨得盡許多煩惱
絮婁〻　王煥
名園裡鎮日賞芳菲陌上遊人來似蟻小亭臺上翫賞好消意
時逢個嬌臉兒花紅柳綠草萋〻賞遍花叢消意美酒闌人散
醉扶歸好花恨不折幾枝
舊編仙呂入雙調譜終

图 2-8　南京图书馆藏《旧编南九宫谱》【仙吕入双调】曲文

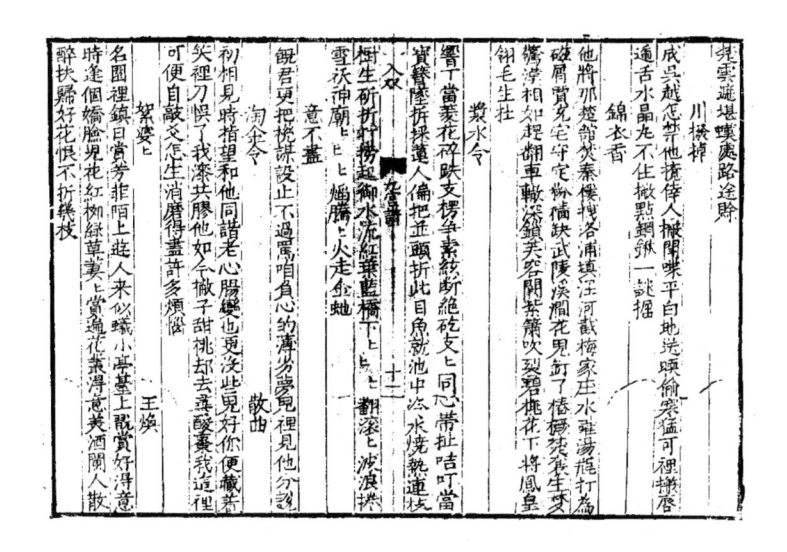

图 2-9　天一阁博物馆藏《旧编南九宫谱》【仙吕入双调】曲文

3. 增补版片例

南图本《旧编南九宫谱》在【仙吕入双调·絮婆婆】后即结束全谱。天一阁本（图 2-10）则增刻一页，增补了【金犯令】一调。

图 2-10　天一阁博物馆藏《旧编南九宫谱》增补的最后一页

第二章　蒋孝曲学著作考述　71

4.剜改字句例

《旧编南九宫谱目录》【黄钟·过曲】"别本附入",南图本原有的【玉漏迟序】【古鲍老催】【古调水仙子】【出队子急】【余音】,在天一阁本中均已剜去,而将【月里嫦娥】改刻在原先【玉漏迟序】那行。天一阁本调整后的顺序为【恨更长】【月里嫦娥】【传言玉女】【侍香金童见仙吕】。细读之后的曲文,天一阁本与南图本皆只有【恨更长】【传言玉女】【月里嫦娥】三支曲子。(图2-11)

由此可知,后印本剜改目录文字的目的是让目录与谱文相对应。

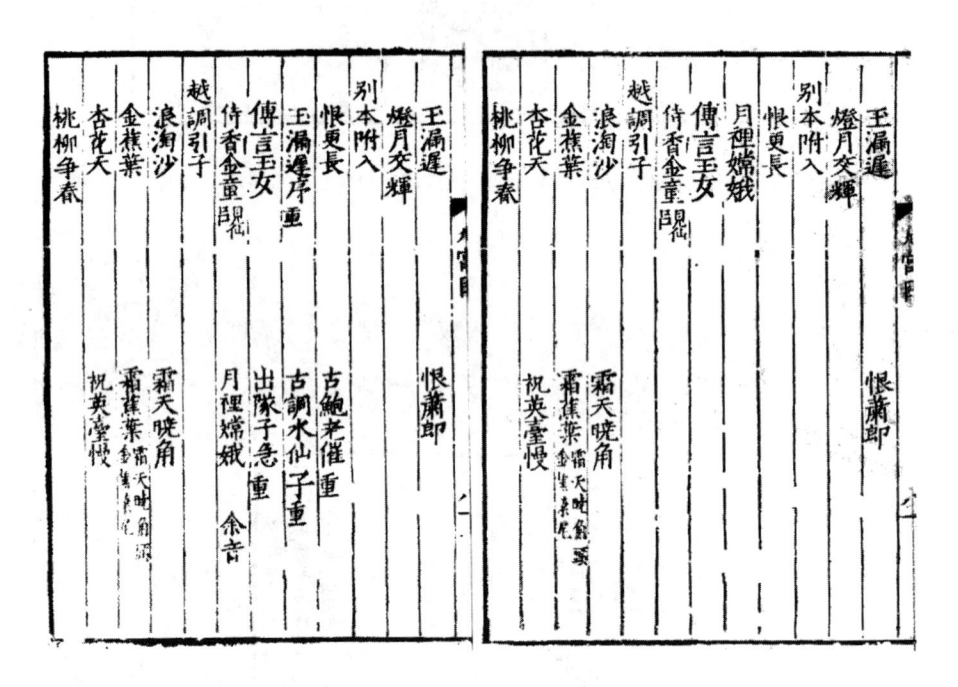

图2-11 南图本《旧编南九宫谱目录》【黄钟·过曲】(左)、天一阁本《旧编南九宫谱目录》【黄钟·过曲】(右)

综上所述,嘉靖二十八年蒋孝三径草堂所刻的《旧编南九宫谱》现保存有初印本(南图藏)和后印本(天一阁藏)两种,后印本通过抽换版片、增补版片、剜改字句等方式,在初印本的基础上做了一定的增删和修订。

另外,天一阁本的发现还能解决郑振铎《玄览堂丛书》在影印《旧编》的过程中疏漏造成的一个问题。在天一阁本未被学界重视之前，研究者比较容易见到的《旧编》版本为《玄览堂丛书》本和《善本戏曲丛刊》本，两书影印的底本当为张钧衡旧藏本（即今南图本）①，然而在编排顺序上两书却存在着不同。玄览堂本顺序为：《南小令宫调谱序》后接《旧编南九宫目录》再接《十三调南曲音节谱》。《善本戏曲丛刊》本顺序为：《南小令宫调谱序》后接《十三调南曲音节谱》再接《旧编南九宫目录》。今验之天一阁本，其顺序乃是《南小令宫调谱序》后接《十三调南曲音节谱》，再接《旧编南九宫目录》。因此，明嘉靖二十八年蒋孝三径草堂刻本《旧编南九宫谱》原书的编排顺序当以《善本戏曲丛刊》本影印为是，即《南小令宫调谱序》接《十三调南曲音节谱》再接《旧编南九宫目录》。②

第三节　《旧编南九宫谱》与《新编南九宫词》的命名与历史定位

一、《旧编南九宫谱》与《新编南九宫词》的命名

关于《旧编南九宫谱》为何以"旧编"命名，历来也多有误解。比如有将它与《沈谱》联系起来的，以为："该谱名曰'旧编'，是相对于沈璟所编《增定查补南九宫十三调曲谱》而言的。由于沈璟曲谱是改定蒋谱而成，又在戏曲史上产

---

① 今所见《善本戏曲丛刊》本字迹漫漶，大抵因影印所致，非原本不清。因为玄览堂本与《善本戏曲丛刊》本在《南小令宫调谱序》下相同位置皆有"芹圃收藏"之印，此足可证明两本所据为同一书。
② 细看玄览堂本书影依稀可见纸背后透出"仙吕引子""仙吕过曲""甘州歌""鹊桥仙"等字，对比文字位置后可知此乃《旧编南九宫谱目录》的内容，这也可作为《南小令宫调谱序》后接《旧编南九宫目录》的旁证。

生了巨大影响，明清曲家遂目沈璟之作为'新谱'，蒋孝曲谱为'旧谱'。"①此种说法将《蒋谱》之"旧"与《沈谱》之"新"联系起来，看似有理，细究之，则颇可商榷。因为嘉靖二十八年蒋孝原刻本就已经名之曰《旧编南九宫谱》，所以"旧编"二字并非后人所加。

蒋孝原刻本中与书名有关的文字大致有如下几处：序题"南小令宫调谱序"，目端题"旧编南九宫"和"十三调南曲音节谱"，正文卷端题"旧编南九宫谱"，版心题"九宫谱"。这之中"旧编"二字已出现了两次。可见，在蒋孝刻书之时，该书便唤作"旧编"。

关于《旧编》《新编》两书名称来由以及两书之间的关系，蒋孝虽未直言，通过旁的证据，我们可以推测蒋孝为两书取名是有其内在逻辑的。兹将《旧编南九宫谱》《新编南九宫词》两书命名可能之理由陈述如下。

第一，"旧编"以表示其历史。

蒋孝在《南小令宫调谱序》中提到《旧编南九宫谱》时只称其为"九宫"——"适陈氏、白氏出其所藏《九宫》《十三调》二谱，余遂辑南人所度曲数十家，其调与谱合，及乐府所载南小令者汇成一书，以备词林之阙"——而无"旧编"二字。且按照常理，一书甫一面世，当不会径称其为"旧编"。故可知，蒋孝当时得自陈、白二氏的即是《南九宫谱》(同样《十三调南曲音节谱》也无"旧编"二字)。而到了目端与正文卷端，便将其称作"旧编南九宫(谱)"以明确表示《南九宫谱》其实是来自过去时代，同时也是彰显其历史与传承。

第二，《新编南九宫词》是因《旧编南九宫谱》而得名。

《新编》一书原无序、无跋，如果孤立地看它自然无法明了"新编"所指，但既然明确《新编》编者亦是蒋孝，那么站在当时蒋孝的角度来看陈、白二氏收藏的"九宫"谱自然是"旧"的，故云"旧编南九宫谱"；而他自己编辑刊刻的

---

① 周维培：《曲谱研究》，江苏古籍出版社1999年版，第91—92页。其实在明清两代沈璟之谱更多被称作"沈谱"而非"新谱"。

曲集相对于"旧编"自然是"新"的，故名其为"新编南九宫词"。

第三，"谱"与"词"命意各有所重。

"谱"与"词"在曲谱与曲集两种性质上的区分可谓一目了然。"谱"自然说明它是曲谱，而"词"则说明它是曲集（《新编》中除了录有《玩江楼》中的一套，其余皆是散曲）。历来使用"词"命名曲集的例子也较多，比如《乐府名词》《棣萼香词》《凌谿灯词》等。因此，《旧编》是一本曲谱，所以名之曰"谱"，《新编》是一本曲集，所以名之曰"词"。

二、《旧编南九宫谱》与《新编南九宫词》的历史定位

关于《旧编南九宫谱》《新编南九宫词》的历史定位问题，需分两个部分来讨论：一是陈、白二氏所藏的《南九宫谱》和《十三调南曲音节谱》；二是蒋孝据《南九宫谱》所列调名而编成的《旧编南九宫谱》。

今人洛地先生尝总结我国"曲谱"发展史，以为大致有四个阶段：

一、"文字谱"，初见者为《中原音韵》中"四十定格"。
二、"声调谱"，初见者就是《太和正音谱》。
三、"板眼谱"，明《北词广正谱》《南九宫十三调曲谱》等。
四、"工尺谱"，清《新定九宫大成南北词宫谱》《吟香堂曲谱》等。[1]

照此分类，陈、白二氏所藏《南九宫谱》《十三调南曲音节谱》则无处安放，但只要我们视此二谱为曲谱，就必须解决其定位问题。

根据《说文·言部》："谱，籍录也。"[2] 谱之本义原是按一定标准对材料进行

---

[1] （明）朱权著，姚品文点校、笺评：《太和正音谱笺评》，中华书局2010年版，洛地序言第14页。
[2] （汉）许慎：《说文解字》三上言部，中华书局1963年版，第57页。

分类记录，如年谱、家谱等。在这本义基础上，可引申为专指记录音乐之谱。同时又可引申为供人研习作为示范而汇列成的样本，如书谱、画谱等。①

实则，古人并不会有意识地研究区分南北曲之谱或古琴谱或琵琶谱的，所以本书认为对于南北曲之"谱"的认识，当置于中国古代乐谱发展史的大背景之下。而综观中国古代各种书面记号谱②，如"律吕字谱""工尺谱""固定音高谱""无固定音高谱""状声字谱"等，它们的功用不过两种：标出音位或提示奏法。可见，记录音乐之旨贯穿于吾国乐谱发展史之始终。古时称这类谱为"音谱"，如张炎《词源》卷下有《音谱》一节，谓："词以协音为先。音者何？谱是也……先人晓畅音律，有《寄闲集》旁缀音谱刊行于世。每作一词必使歌者按之，稍有不协，随即改正。"③此"先人"即张炎之父张枢，《寄闲集》之"音谱"已佚，其形式想必类似《白石道人歌曲》词旁之俗字谱，即记录音乐之谱。④而如"文字谱""声调谱"之类与音乐无关的"谱"乃是乐谱发展史中的一条旁支。已有学者指出这一旁支始于《太和正音谱》："谱之称名，由原来的音乐性转化为文字格律性也由朱权始，实际上是同一名词在朱权手里转换成了不同的概念。此前之'谱'，均指音乐谱，指记录音乐的符号系统，包括工尺谱、吕律谱、指法谱等等。"⑤也就是说在朱权之前的曲谱必定是"音谱"。那么，朱权为何要用"谱"来命名这本标注曲文平仄声调的书呢？据《太和正音谱序》云：

---

① 参见谷衍奎编《汉字源流字典》，语文出版社2008年版，第1765页。
② 《中国传统音乐乐谱学》将中国传统音乐记谱法分为"非书面记号谱"与"书面记号谱"两大类，"非书面记号谱"有结带谱、扣子谱等，不在本书讨论范围内。参见王耀华等《中国传统音乐乐谱学》，福建教育出版社2006年版，第25页。
③ （宋）张炎：《词源》，道光八年（1828）刻本，《续修四库全书》，上海古籍出版社2002年影印本，集部，第1733册，第65页。
④ 当然仅就"音谱"一词而言，也有可能指文词格律之谱。但结合《词源》这段话的上下文来看，向使"音谱"仅指平仄谱，如何还要请"歌者按之"？且平仄格律本是填词时一定遵守之法，《寄闲集》乃是一本词集，刊印时断无特别标注平仄之必要。所以这里所谓的"音谱"应该就是指记录音乐之谱。
⑤ 杨栋：《中国散曲学史研究（续篇）》，山东大学出版社1998年版，第79页。

> 余因清宴之余，采摭当代群英词章，及元之老儒所作，依声定调，按名分谱，集为二卷，目之为"太和正音谱"……以寿诸梓，为乐府楷式。①

所谓"按名分谱"，大抵是说按照宫调对不同调名的作品分类著录；所谓"为乐府楷式"，则说明了《太和正音谱》的作用。可见朱权编纂《太和正音谱》的目的并非用以记录音乐，而是提供了一种具有示范意义的样本。同样《十三调南曲音节谱》《南九宫谱》也是在这个意义上使用的"谱"字。

而为了使《十三调谱》《南九宫谱》能够纳入"曲谱"的分类系统中，本书以为当在"文字谱"之前，加上"调名谱"②一项。

正如蒋孝自述，其得自陈、白二氏的《南九宫谱》《十三调谱》只有依宫调分类的曲牌而无文词，从形式上看这类似于《中原音韵·正语作词起例》中的《乐府共三百三十五章》。而前文洛地所说的"文字谱"，并不以《乐府共三百三十五章》为例，却另举《中原音韵·四十定格》为代表。若细究之，《四十定格》在周德清心目中未必可称之为"谱"，申说如下。

周氏在《乐府共三百三十五章》最后说道：

> 凡作乐府，古人云："有文章者谓之乐府。"如无文饰者，谓之俚歌，不可与乐府共论也。又云："作乐府，切忌有伤于音律。"且如女真【风流体】等乐章，皆以女真人音声歌之，虽字有舛讹，不伤于音律者，不为害也。大抵先要明腔，后要识谱，审其音而作之，庶无劣调之失。而知韵、造语、用事、用字之法，名人词调可为式者，并列于后。③

---

① （明）朱权著，姚品文点校、笺评：《太和正音谱笺评》，中华书局2010年版，第1页。
② 周维培《曲谱研究》一书中将《中原音韵·乐府共三百三十五章》称作"调名谱"，然未及申说。
③ 张玉来、耿军校：《中原音韵校本：附中州乐府音韵类编校本》，中华书局2013年版，第64页。

这里周德清指出了作乐府最基本的要求是"不伤于音律",如何做到这点呢?周氏提出"先要明腔①,后要识谱,审其音而作之"②。也就是对于作乐府者来说,要于谱中选取曲牌,按照曲牌格律作曲,"庶无劣调之失"。作乐府时选定曲牌也就意味着确定了宫调,在演唱时乐队可以此宫调来调弦,乐器只有定弦了方能演奏该宫调下同一系统的曲牌。③关汉卿《钱大尹智宠谢天香》第二折便有当时唱曲活动的记录:

钱(大尹):张千,将酒来我吃一杯,教谢天香唱一曲调咱。

旦:告宫调。

钱:商角调。

旦:告曲牌子名。

钱:【定风波】。④

至于周德清所谓"知韵、造语、用事、用字之法"则是在作乐府时对于文辞层面更进一步的要求。

周氏在这段话中是把"谱"与"式"分开讲的——"谱"与"音律"有关,"式"则是作乐府的范例,亦即"四十定格"。显然,周德清并未把"四十定格"

---

① 《中原音韵·正语作词起例》中有其他提到"腔"的文字:"逐一字调平、上、去、入,必须极力念之,悉如今之南宋戏文唱念声腔。""腔"在这里指曲词的语音语调。(参见洛地《"腔"、"调"辨说》,《中国音乐》1998年第4期)

② 任半塘曾总结杨缵之《作词五要》云:"盖欲作一词,先按月以择定一律,须就此律所属诸调中,再择定一调,然后审按此调之声谱以填词。顾于诸腔之中,必择其腔之韵者,而舍其衰飒不顺、寄煞无味者。"(任中敏著,李飞跃辑校:《词学研究》,凤凰出版社2013年版,第31页)周德清"先要明腔,后要识谱,审其音而作之"一句亦谈作词之要点,唯顺序与杨说不同。

③ 参见黄翔鹏《中国古代音乐史的分期研究及有关新材料、新问题》,载《黄翔鹏文存》,山东文艺出版社2007年版,第808页。

④ 《古本戏曲丛刊》四集之三《脉望馆钞校本古今杂剧》。

视作"谱",而是另有所指。那么,周氏所谓的"谱"又是什么呢?通观上下文,《乐府共三百三十五章》似乎更有谱的意味①——以调名为谱。

关于调名谱,在蒋孝《南小令宫调谱序》中还能找到一个证据。文中蒋孝先是说"适陈氏、白氏出其所藏《九宫》《十三调》二谱"并未提"目录"二字;后又说"余遂辑南人所度曲数十家,其调与谱合"。这里的"谱"分明就是指《南九宫》目录。接着他又录出了"十三调南曲音节谱"。倘若蒋孝只把"十三调南曲音节谱"看作目录的话,他大可依前例("旧编南九宫目录")也题作"十三调南曲音节谱目录"。然而,蒋孝在这里恰恰没有写出"目录"二字。凡此种种,既然蒋孝称之为"南小令宫调谱",那么《南九宫谱》《十三调谱》在蒋孝的观念中应当就是列出调名之谱。

朱权《太和正音谱》与诸"音谱"之区别,实际是曲谱功用的不同,而前述洛地先生的分类则是从形式角度对曲谱进行的区分(这种从形式角度作的观察更利于看出曲谱发展的轨迹)。那么在洛氏分类法基础上稍加改动,便可明确《南九宫谱》《十三调谱》于吾国曲谱发展史中的位置。为此,本书将曲谱发展演变之序列重新概括为以下五个阶段:

调名谱:《中原音韵·乐府共三百三十五章》、陈白二氏所传《十三调谱》与《南九宫谱》《南村辍耕录·杂剧曲名》;

文字谱:《中原音韵·四十定格》②《旧编南九宫谱》;

声调谱:《太和正音谱》;

点板谱:《北词广正谱》《沈谱》《寒山堂曲谱》;

工尺谱:《新定九宫大成南北词宫谱》《吟香堂曲谱》。

---

① 仔细揣摩上文所引"凡作乐府……并列于后"这段的意思,其中"先要明腔,后要识谱,审其音而作"指向的是《乐府共三百三十五章》,而"名人词调可为式者,并列于后"则指向了《四十定格》。
② "四十定格"的形式实际相当于《蒋谱》,虽然本书认为在周德清的观念中"四十定格"只是范例而不是曲谱,但后人在总结的时候也完全可以将其视作曲谱的一种,故这里依旧将"四十定格"归为文字谱。

第三章

《旧编南九宫谱》与《新编南九宫词》的编纂特色

以往学界一般认为蒋孝曲学上的功绩主要有两个方面：一是通过编刻《旧编南九宫谱》保存了陈、白二氏所传的《南九宫谱》和《十三调谱》；二是通过为每一调名配上曲文，从而保存了前代剧作，使得后世的辑佚工作有了可资利用的材料。但作为第一本配以曲词的南曲谱，《旧编南九宫谱》在编纂上自有开创性的特色，且被不少后世南曲谱所继承。同时，由于蒋孝在整本曲谱中着墨不多，并不像沈璟等后世曲家那样在书中记录下自己的批评文字，他的曲学造诣也未能引起世人的重视。本章主要总结《旧编》《新编》的编纂特色，并指出在《旧编》《新编》中也蕴含了蒋孝的曲学思想。

第一节　《旧编南九宫谱》与《新编南九宫词》的曲文来源

一、《旧编南九宫谱》的曲文来源

　　这里所要讨论的是经过蒋孝加工的《旧编》正文，亦即《蒋谱》曲文之来源。《蒋谱》共有【仙吕】【正宫】【中吕】【南吕】【黄钟】【越调】【商调】【大石调】【双调】九个宫调，分引子、过曲，另有"别本附入"和"净唱附后"。这里分别统计《蒋谱》所选曲牌及作品的数量，并将各宫调陈列曲牌附表于后。其中"/"前为目录中曲牌数量，其后为正文中曲牌数量。①

表3-1 《蒋谱》目录及正文中曲牌数量统计

宫调	引子	别本附入	过曲	净唱附后	别本附入	合计
仙吕	15/15		40/40	3/3	11/10	69/68
正宫	8/8	2/2	27/28	3/2	8/8	48/48
中吕	10/10	3/2	32/31		15/12	60/55
南吕	21/21	5/5	58/61		14/9	98/96
黄钟	9/8	1/0	29/30		9/3	48/41
越调	7/7		42/42		4/3	53/52
商调	10/10		24/23		4/0	38/33
大石调	4/4	1/1	6/7		2/3	13/15
双调	18/18	3/3	9/9			30/30

另有【仙吕入双调】不分引曲过曲。

宫调	引子和过曲	别本附入	合计
仙吕入双调	48/48	25/22	73/70

---

① 此处统计的是南京图书馆所藏明嘉靖二十八年（1549）刻《旧编》的初印本，上文已述在后印本中蒋孝对目录与正文中的不一致做了修订。

整部《蒋谱》既选剧曲,也选散曲,其中散曲有87支曲牌,而所掇选的剧作则有33种。依所选曲牌多寡依次为:《拜月亭》93支、《蔡伯喈》75支、《王祥》53支、《杀狗记》37支、《江流》35支、《荆钗记》27支、《陈巡检》27支、《西厢记》13支、《王焕》12支、《吕蒙正》8支、《玩江楼》5支、《东墙记》4支、《百花亭》4支、《刘盼盼》4支、《唐伯亨》4支、《锦香亭》3支、《刘知远》3支、《刘孝女》2支、《彩楼记》2支、《陈光蕊》1支、《梅岭》1支、《韩寿偷香》1支、《贾云华》1支、《冤家债主》1支、《乐昌公主》1支、《鸳鸯灯》1支、《锦机亭》1支、《孟姜女》1支、《苏秦》1支、《诈妮子》1支、《宝妆亭》1支、《生死夫妻》1支、《教子》1支。

二、《新编南九宫词》的曲文来源

《新编》所收曲文既有只曲,也有套曲,其作者绝大多数是明人。只是书中调名之下往往只有"旧词""新词"等注语,使读者无法了解曲文的来源,兹参考《全明散曲》[①],将《新编》曲文作者情况统计如下,个别有所考辨者以按语形式在"备注"中加以说明。

表3-2 《新编南九宫词》曲文作者表

宫调	调名	作者信息	备注
仙吕	桂枝香·"画楼频倚"套曲	吴钦(1517—1580),江苏武进人	原注"旧词"
	桂枝香·"莲壶漏启"只曲 "红楼凝思"只曲 "芳春将去"只曲 "封侯未遇"只曲	唐寅(1470—1524),江苏苏州人	原注"新词"

---

① 谢伯阳编:《全明散曲》,齐鲁书社1994年版。

(续表)

宫调	调名	作者信息	备注
仙吕	二犯桂枝香·"韶光似酒"只曲 "池塘昼永"只曲 "月悬冰镜"只曲 "鸳鸯霜重"只曲	秦时雍（1573年前后在世），南直隶亳州人	原注"秦宪副词"
	小醋（措）大·"暗潮拍岸"套曲	罗钦顺（1465—1547），江西泰和人	原注"古词"
	八声甘州·"玉盘金饼"套曲	祝允明（1461—1527），江苏苏州人	原注"祝京兆词"
	八声甘州·"古道长堤"套曲	无名氏	原注"新词"
	甘州歌·"归来未晚"套曲	王思轩	原注"王思轩尚书词"
	一封书犯·"池水泮乍"套曲	陈铎（约1451—1507），江苏下邳人	原注"陈大声词"
	一封书犯·"惊一叶坠"套曲	陈铎	
	傍妆台·"势滔天"套曲	无名氏	原注"古词"
	望吾乡·"膏雨初晴"套曲	无名氏	原注"乐府"
	月儿高·"烟锁垂阳"只曲 "园苑飘红雨"只曲 "慢折长亭柳"只曲 "髻绾香云拥"只曲	唐寅，江苏苏州人	原注"古词"
	皂罗袍·"柳眼新青浮动"只曲 "惹起闲愁千种"只曲 "翠被今宵寒重"只曲 "画角城头三弄"只曲	无名氏	原注"新词"
	大圣乐·"风流惹下相思"套曲	李日华，嘉靖初在世，江苏吴县人	原注"旧词十三调入羽"。按，今查此套选自《南西厢记》第三十三出，原套由【折梧桐】【集贤宾】【前腔】【大圣乐】【前腔】【不是路】【皂角儿】【前腔】【尾声】组成，此处径取【大圣乐】以下诸曲

（续表）

宫调	调名	作者信息	备注
正宫	汲煞尾·"金殿锁鸳鸯"套曲	无名氏	原注"南北乐府"
	普天乐·"四时欢千金笑"套曲	李东阳（1447—1516），湖南茶陵人	原注"旧词"
	南北塞鸿秋·"一会家想多情"套曲	汤式，明成祖时在世，浙江象山人	原注"乐府"
	白练序·"沉吟久"套曲	无名氏	原注"乐府" 按，《全明散曲》将作者定作关思，然关思崇祯间仍在世，其作不应收入《雍熙乐府》《新编南九宫词》等书中。《雍熙乐府》《昔昔盐》《群音类选》等书则作"无名氏"
	白练序·"窥青眼"套曲	顾木斋	原注"古词"
	白练序·"春烟暖"套曲	方洗马	原注"方洗马词"
	素带儿·"春光早泄露"套曲	顾鼎臣（1473—1540），江苏昆山人	原注"顾状元词"
	白练序·"若邪溪"套曲	无名氏	原注"新词"
	白练序·"花初放"套曲	无名氏	原注"新词"
	刷子序·"南浦雨初歇"套曲	杨慎（1488—1559），四川新都人	原注"新词"
	一剪梅·"芳草长亭"套曲	李子昌	原注"乐府"
	玉芙蓉·"残红水上飘"只曲 "新荷沼内翻"只曲 "东篱菊艳开"只曲 "漫空柳絮飞"只曲	李日华	原注"李日华词"
中吕	北石榴花·"不妨沉醉乐陶陶"只曲	无名氏	原注"乐府，旧南四词余续补"

第三章 《旧编南九宫谱》与《新编南九宫词》的编纂特色　87

（续表）

宫调	调名	作者信息	备注
中吕	好事近·"东野翠烟消"套曲	谢谠（1512—1569），浙江上虞人	
	好事近·"疏雨过莲池"套曲	无名氏	原注"旧词"
	石榴花·"佳期重会"套曲	无名氏	原注"古词"
	好事近·"兜的上心来"套曲	陈铎	原注"陈大声词"
	好事近·"风月两无功"套曲	李文蔚	
	驻云飞·"庭院昏黄"只曲	陈铎	原注"旧词"
	驻云飞·"窈窕轩窗"只曲	陈铎	
	驻云飞·"夜半凉生"只曲	陈铎	
	驻云飞·"沉醉京华"只曲	陈铎	
	驻云飞·"数尽归鸦你在何处贪欢未到家"只曲	陈铎	
	驻云飞·"梦到阳台"只曲	无名氏	
	驻云飞·"命里合孤"只曲	无名氏	
	驻云飞·"忍怕担惊"只曲	无名氏	
	驻云飞·"静掩重门"只曲	陈铎	原注"陈大声词"
	驻云飞·"杏脸桃腮"只曲	陈铎	
	驻云飞·"闷倚阑干"只曲	陈铎	
	驻云飞·"锦瑟凄凉"只曲	陈铎	
	粉蝶儿·"描不上小扇轻罗"套曲	元·贯云石	原注"南北乐府"。按，此套曲最早收录于《盛世新声》，但无标题。后被《雍熙乐府》收录时始题作"西湖十景"。《新编》收此套时亦题作"西湖十景"，且本书凡标注"南北乐府"者《雍熙乐府》皆有收录，可见"南北乐府"大抵指《雍熙乐府》

(续表)

宫调	调名	作者信息	备注
	好事近·"谈笑有鸿儒"套曲	陈铎	原注"陈大声词,十三调入中吕"
南吕	梁州序·"幽香新染"套曲	祝允明	原注"旧词"
	梁州序·"春光如海"套曲	无名氏	原注"旧词" 按,此套出于《罗囊记》,《群音类选》《吴歈萃雅》《南音三籁》等均有收录
	香遍满·"因他消瘦"套曲	陈铎	原注"旧词"
	金落索·"东风转岁华""杨花乱滚棉""闲阶细雨收""银台绛蜡笼"四曲	祝允明	原注"祝枝山词,在商调"
	贺新郎·"江涵秋影"套曲	无名氏	原注"新词"
	梧桐树·"相思借酒消"套曲	元·张光祖	原注"南北乐府"
	梧桐树·"漫漫瑞雪铺"套曲	陈铎	原注"乐府"
	香罗带·"东风一夜"	康海	原注"古词,中二阙今删去"
	一江风·"那佳人举止"只曲	无名氏	原注"乐府"
	一江风·"穿着绣弓鞋"只曲	无名氏	原注"乐府"
	骂玉郎带上小楼·"花压阑干春昼迟"等四只曲	无名氏	原注"旧词"
	七犯玲珑·"新红上海棠"等四只曲	祝允明	原注"祝京兆词"
	六犯宫词·"琐窗人静"只曲	李日华	原注"李日华续"
	金索挂梧桐·"残红水面飘"套曲	无名氏	原注"乐府,十三调入南吕"
	针线箱·"自别来杳无音信"套曲	唐寅	原注"旧词,入道宫调"

(续表)

宫调	调名	作者信息	备注
黄钟	绛都春·"团团皎皎"套曲	元·李景元	原注"雍熙乐府"
黄钟	绛都春·"情浓乍别为多才"套曲	王九思（1468—1551），陕西鄠县人	原注"旧词"
	画眉序·"约友到西郊"套曲	无名氏	原注"旧词"
	画眉序·"瑞霭五云楼"套曲	无名氏	原注"旧词"
	画眉画锦·"人际大明天"套曲	无名氏	原注"灯词"
越调	山桃红·"暗思金屋配合春"套曲	元·王元和	原注"旧词"
	小桃红·"夏初天气昼偏长"套曲	无名氏	原注"乐府"
商调	二郎神·"人别后"套曲	高明（1235—1316），浙江温州人	原注"高则成词"
	莺啼序·"梧桐一叶初凋"套曲	王宠（1494—1533），江苏吴县人	原注"乐府"
	莺啼序·"思量你好辜恩便忘了誓盟"套曲	无名氏	原注"乐府"
	莺啼序·"孤帏一点"套曲	陈铎	原注"乐府"
	高阳台·"出谷莺啼"套曲	胡汝嘉（1529—1578），江苏南京人	原注"新词"
	字字锦·"群芳绽锦鲜"套曲	无名氏	原注"乐府"
	山坡羊·"春染郊原如绣"四只曲	徐霖（1462—1538），上海松江人	原注"新词"
	黄莺儿·"寒食杏花天"四只曲	唐寅	原注"唐解元词"
	黄莺儿·"弹指怨东君好直恁"套曲	郑若庸（约1590—？），江苏昆山（一说吴县）人	原注"旧词，因失韵故附于后"

（续表）

宫调	调名	作者信息	备注
商调	画眉序·"一见杜韦娘"套曲	祝允明	原注"旧词，十三调入商黄"
	画眉画锦·"冥冥"套曲	燕仲义	原注"燕参政词，入高平调"
大石调	念奴娇·"大江逝水"四只曲	无名氏	原注"古词翻今调"
	一撮棹·"众游客"只曲	无名氏	
	摊破雁过声·"万里无云爽气清"套曲	无名氏	原注"乐府，十三调入大石"
双调	珍珠马·"箫声唤起瑶台月"套曲	元·李爱山	原注"南北乐府"
	夜行船·"花底黄鹂声声"套曲	无名氏	原注"玩江楼记"
	夜行船·"霸业危艰"套曲	杨慎，四川成都人	原注"杨铁崖词"
	夜行船·"堪赏花朝"套曲	康海	原注"旧词"
	一机锦·"宝钗分"套曲	元·无名氏	原注"乐府"
	步步娇·"蝶倦蜂愁莺无语"套曲	无名氏	原注"新词"
	步步娇·"雁翅南飞"套曲	无名氏	原注"古词"
	步步娇·"万里关山音书断"套曲	钱福（1461—1504），上海松江人	原注"旧词"
	步步娇·"欢喜冤家难相离"套曲	宗臣（1525—1560），江苏兴化人	原注"旧词"
	新水令·"水沉消尽瑞炉烟"套曲	唐寅	原注"南北词"
	新水令·"小窗高卧日三竿"套曲	杨一清（1454—1530），云南安宁人	原注"杨阁老词"

（续表）

宫调	调名	作者信息	备注
双调	新水令·"淡云微雨困人天"套曲	无名氏	原注"旧词"
	步步娇·"宦海茫茫"套曲	王守仁（1472—1529），浙江余姚人	原注"浙词"
	玉胞肚·"黄昏将傍对孤灯"六只曲	无名氏	原注"时曲"
	步步娇·"惜玉怜香"套曲	无名氏	原注"新词，入十三调"
	步步娇·"月夕花朝成虚度"套曲	刘兑，明初在世，浙江绍兴人	

第二节　从【绛都春】"团团皎皎"套看《旧编》《新编》的编纂方式

众所周知，《沈谱》是在《蒋谱》的基础上进行编订的，所以在一些曲文后沈璟会评点"旧谱"（即《蒋谱》）的得失。比如：《沈谱》卷十四【黄钟】过曲【刮地风】：

> 旧谱将"甚"字改作"恁"字，又将"干戈"以后另打一圈，则又似别分一曲矣。殊不知"不甚争"，犹言"争不多"，即如今人言"差不多"也，有何难解而改之哉。①

---

① （明）沈璟：《增定南九宫曲谱》卷十四，载王桂秋主编《善本戏曲丛刊》第三辑，台湾学生书局1984年影印本，第474页。

《沈谱》卷十七【商调】引子【凤凰阁】：

　　旧谱却将第二句改作五个字，又将"家山"改作"家乡"，又去了"和那"二字，遂不成调。况"想镜里"云云，乃因思亲而思妻也，妙在一"想"字上，旧谱乃改作"妆镜"，即是五娘自唱之曲，非伯喈遥想之意矣。此皆旧谱之误也。①

《沈谱》卷二十【双调】引子【梅花引】：

　　"墟"字正是用韵处，高则诚惯于借韵，此调守之惟谨，正自可喜。而旧谱又改"郊墟"为"郊野"，是使则诚必每曲不韵而后已也。②

　　以上三例分别出自《拜月亭》和《琵琶记》。对照我们今天所见到两剧各版本的相关曲文，无疑沈璟的批评是正确的，《蒋谱》似乎确有擅改曲文之嫌。不过也不能排除蒋孝参考的是某种今天已佚版本的可能性。

　　为了搞清楚这一问题，我们将通过比较《旧编》《新编》中的【绛都春】"团团皎皎"套来进一步考察蒋孝在编谱时曾对曲文所做的处理。（图3-1）之所以选择此套曲，乃是因为《旧编》《新编》两书在【黄钟宫】中都收有李景元所作南戏《崔莺莺西厢记》"团团皎皎"套曲。③其次，这两书中"团团皎皎"套分别标注《西厢记》和《雍熙乐府》，说明其所据材料的来源极有可能不同。因此，此

---

① （明）沈璟：《增定南九宫曲谱》卷十七，载王桂秋主编《善本戏曲丛刊》第三辑，台湾学生书局1984年影印本，第550页。
② （明）沈璟：《增定南九宫曲谱》卷二十，载王桂秋主编《善本戏曲丛刊》第三辑，台湾学生书局1984年影印本，第627页。
③ 之所以定其为李景元所作，因《九宫正始》【黄钟引子·瑞云浓】后有注云："此调按蒋、沈二谱收元李景云《西厢记》之'春荣渐老'一调与此同体。"另参见钱南扬《宋元戏文辑佚》，中华书局2009年版，第164页。

套乃是两书中不可多得的可资比较的例子。本节将通过不同材料之间的比勘,来揭橥蒋孝编纂两书的方式。

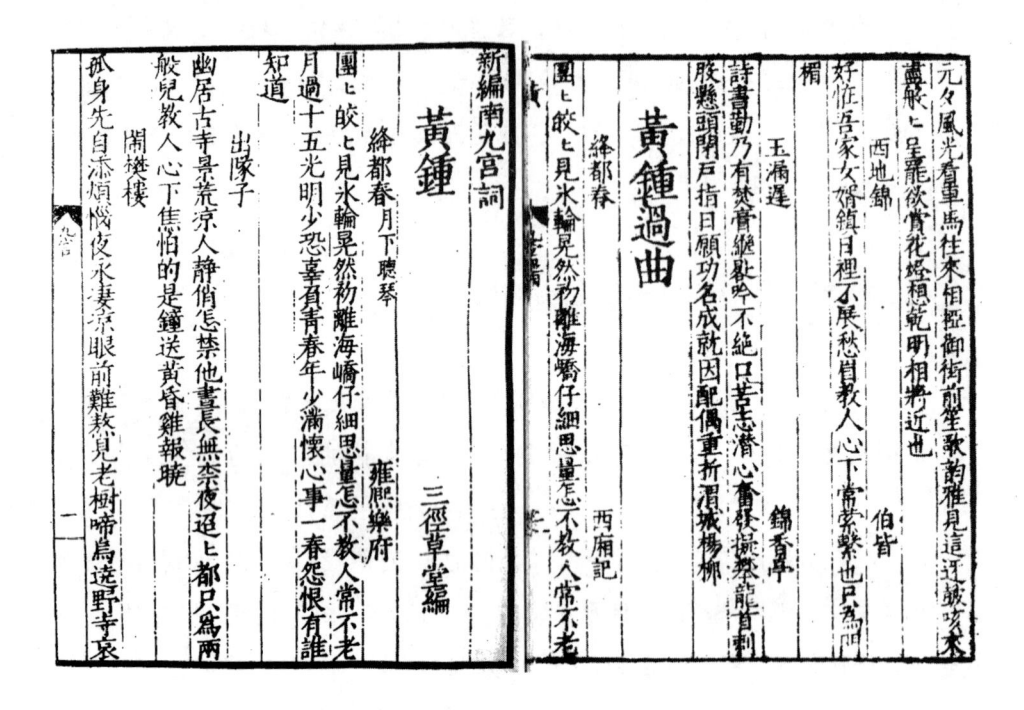

图 3-1 《新编南九宫词》【绛都春】(左)与《旧编南九宫谱》【绛都春】(右)

李景元《西厢记》整本今已散佚,只有零出散见于一些曲谱、曲集之中。除了《旧编》《新编》以外,《沈谱》《南音三籁》《九宫正始》等亦收录此套。不特如此,在明代不少曲论中也有提及此套者,如何良俊《四友斋丛说》云:"南戏自《拜月亭》之外如……《南西厢》内团团皎皎……皆上弦索……词虽不能尽工,然皆入律,正以其声之和也。"[①]何氏对这套曲在格律方面的肯定,也从侧面印证了蒋孝选择此套为范例的眼光。

---

① (明)何良俊:《四友斋丛说》卷三十七,中华书局 1959 年版,第 343 页。

依照《旧编》的体例，引子与过曲分别收录于两处。[①]【瑞云浓】被置于【黄钟引子】下，【绛都春】以下诸曲牌则置于【黄钟过曲】下，两处皆题《西厢记》。而《新编》则未收引子【瑞云浓】，径从过曲【绛都春】开始收录，下题"月下听琴"以及"雍熙乐府"。

下文引入《雍熙乐府》《词林摘艳》《盛世新声》与《旧编南九宫谱》《新编南九宫词》所收录的同一支套曲进行比较。之所以选择这三本曲集，乃是因为它们在编纂过程中有着一定的渊源递嬗关系。首先，《新编南九宫词》【绛都春】套所据的《雍熙乐府》其实是以《词林摘艳》为基础编成的。[②] 其次，《词林摘艳》又是在《盛世新声》的基础上"去其失格，增其未备，讹者正之，脱者补之"[③] 而成。由此可知，《新编南九宫词》所录【绛都春】一套的渊源关系如下所示：

《盛世新声》

↓

《词林摘艳》（下题：南西厢记夜月听琴 无名氏）

↓

《雍熙乐府》（下题：月下听琴）

↓

《新编南九宫词》（下题：月下听琴，雍熙乐府）

既然在《新编》【绛都春】下题有"雍熙乐府"字样，那么蒋孝在编录此套书时必是参考了《雍熙乐府》无疑。据上文，《旧编》编于嘉靖己酉年（1549）。《新编》虽暂时无法确定编于何时，但其成书年代当晚于己酉年。考虑到蒋孝

---

① 《沈谱》也是相同的体例，此处也可见其与《旧编》的因袭关系。
② 参见齐森华等主编《中国曲学大辞典》"词林摘艳"条，浙江教育出版社1997年版，第639页。
③ （明）张禄辑：《词林摘艳》，嘉靖四年（1525）刻本，《续修四库全书》，上海古籍出版社2002年影印本，第1740册，第1页。

编谱时不可能看到后出的版本，所以在比较曲文时本书选用嘉靖己酉年之前的版本。①

《盛世新声》用的是明正德十二年（1517）刊本。②《词林摘艳》用的是明嘉靖四年（1525）刊本。③《雍熙乐府》的版本情况略复杂一些，简要说明如下：现知《雍熙乐府》的版本有嘉靖辛卯年（1531）刊本、嘉靖庚子年（1540）刊本、嘉靖丙寅年（1566）刊本。其中丙寅年刊本因由1934年"上海涵芬楼借北平图书馆藏明嘉靖本景印"收入《四部丛刊续编》而成为通行的版本。④不过，《旧编南九宫谱》编于嘉靖己酉年（1549），早于丙寅年，故此处作比较时不可率尔引用这个蒋孝当时并未见到的版本。至于另外两个版本，蒋孝当时都有可能见到。其中辛卯年刊本过去不易得，今已由《原国立北平图书馆甲库善本丛书》（第九九七—九九八册）影印出版。⑤而嘉靖庚子年刊本现藏于日本东洋文库、日本宫内厅书陵部两处⑥，远隔重洋，不易得见。实际上，经比对可知嘉靖丙寅本即是辛卯本的翻刻本（见图3-2）。而据日本"东洋文库"藏嘉靖庚子年本上王国维的批语："此书明代正嘉五十余年间，凡经三刻：第一次刻本刊于嘉靖辛卯，即此刻祖本。"⑦可知，嘉靖庚子本亦是以辛卯年刊本为祖本，故而蒋孝在编《旧编》《新

---

① 《雍熙乐府》现在已知有三个版本，但在历史上的版本可能不止于此，所以确切地讲，没有人知道蒋孝当时所据到底是哪一个版本。但有一点可以肯定，蒋孝编谱所依据的版本（系统）不可能晚于蒋孝编谱的时间。
② （明）臧贤：《盛世新声》，明正德十二年（1517）刊本，文学古籍刊行社1955年影印本。
③ 参见（明）张禄辑《词林摘艳》，嘉靖四年（1525）刻本，《续修四库全书》，上海古籍出版社2002年影印本，第1740册。
④ 《续修四库全书》第1740册亦据此影印。
⑤ 根据陈洛嘉《"国家图书馆"所藏辛卯本〈雍熙乐府〉考》[（台湾）《"国家图书馆"馆刊》2012年第1期]一文中提到的钤印（"叶君锡/藏书印""叶氏/藏书""国立北/平图书/馆所藏""北畠千/锺房章"）比对后可知《原国立北平图书馆甲库善本丛书》所影印的辛卯年本现藏于台北故宫博物院。另外，还有三套辛卯年刊本现藏于台北"国家图书馆"、北京大学图书馆、日本大阪图书馆。
⑥ 参见黄仕忠《日藏中国戏曲文献综录》，广西师范大学出版社2010年版，第438页。
⑦ 转引自黄仕忠《日藏中国戏曲文献综录》，广西师范大学出版社2010年版，第438页。

编》时参考的《雍熙乐府》比较大的可能就是嘉靖辛卯年本或其系统中某一版本。因此，下文所引《雍熙乐府》曲文以辛卯年刊本为据。

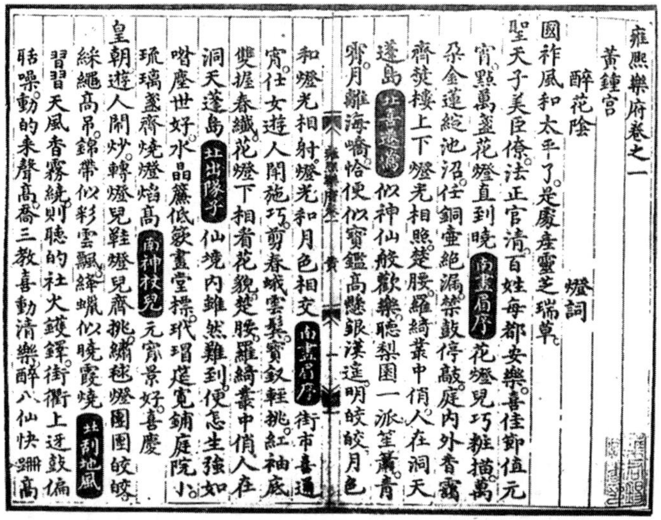

图 3-2　嘉靖辛卯本《雍熙乐府》（上）与嘉靖丙寅本《雍熙乐府》[①]（下）

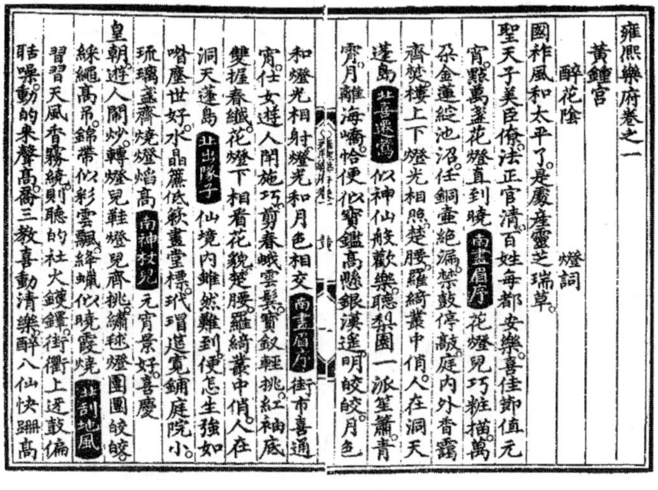

---

① 丙寅本翻刻自辛卯本，两个版本相似度很高，但细看仍能发现很多明显的差异。比如第一行之"熙"字，第二行"鍾（鐘）"字等。

第三章　《旧编南九宫谱》与《新编南九宫词》的编纂特色　97

兹将《旧编》《新编》《雍熙乐府》《词林摘艳》《盛世新声》相关曲文列表3-3如下。

表3-3 【绛都春】"团团皎皎"套曲文对比

《旧编南九宫谱》	《新编南九宫词》	《雍熙乐府》	《词林摘艳》	《盛世新声》
【瑞云浓】春容渐老。绿遍满阶芳草。独守孤帏病成了。衾寒枕冷，为一点春愁，萦恼怀抱。恨只恨离多会少				
【绛都春】团团皎皎。见冰轮晃然初离峤。仔细思量。怎不教人常不老。月过十五光明少。忍负我青春年少。满怀心事，一春怨恨，有谁知道	【绛都春】团团皎皎。见冰轮晃然初离海峤。仔细思量。怎不教人常不老。月过十五光明少。恐辜负青春年少。满怀心事，一春怨恨，有谁知道	【绛都春】团团皎皎。见冰轮晃然初离海峤。仔细思量。怎不教人长不老。月过十五光明少。怎负我青春年少。满怀心事，一春怨恨，有谁知道	【绛都春】团团皎皎。见冰轮晃然初离海峤。仔细思量。怎不交人长不老。月过十五光明少，怎负我青春年少。满怀心事，一春怨恨，有谁知道	【绛都春】团团皎皎。见冰轮晃然初离海峤。仔细思量。怎不交人长不老。月过十五光明少，怎负我青春年少。满怀心事，一春怨恨，有谁知道
【出队子慢】是我幽幽居在古寺，景荒凉人静俏。怎禁昼长无奈夜迢迢，都只为两般儿教人心下转焦。怕只怕钟送黄昏鸡报晓	【出队子】幽居古寺，景荒凉人静俏。怎禁他昼长无奈夜迢迢，都只为两般儿教人心下转焦。怕的是钟送黄昏鸡报晓	【出队子】我是幽幽居在古寺，景荒凉人静俏。怎禁那昼长无奈夜迢迢，都只为这两般儿教人心下转焦。怕的是钟送黄昏鸡报晓	【出队子】是我幽幽居在古寺，景荒凉人静俏。昼长无奈夜迢迢，都只为两般儿交人心下转焦。怕的是钟送黄昏鸡报晓	【出队子】我是幽幽居在古寺，景荒凉人静俏。昼长无奈夜迢迢，都只为两般儿交人心下转焦。怕的是这钟送黄昏鸡报晓

（续表）

《旧编南九宫谱》	《新编南九宫词》	《雍熙乐府》	《词林摘艳》	《盛世新声》
【闹樊楼】孤身先自添烦恼。夜永凄凉，眼前难煞。只见老树啼乌绕，野寺哀猿叫。鸳鸯畔，滴溜溜败叶儿飘。响当当，风铃儿斗合噪	【闹樊楼】孤身先自添烦恼。夜永凄凉，眼前难煞。老树啼乌绕，野寺哀猿叫。鸳鸯畔，滴溜溜败叶儿飘。响叮当，风铃儿斗聒噪	【闹樊楼】孤身先自添烦恼。永凄凉，眼前难煞。见这老树啼乌绕，听野寺哀猿叫。鸳鸯畔，滴溜溜的败叶儿飘。响珰珰，击玎珰的风铃儿斗合聒噪	【闹樊楼】孤身先自添烦恼。夜永凄凉，老树啼乌绕，野寺哀猿叫。鸳鸯畔，滴溜溜败叶儿飘。响珰珰，击玎珰风铃儿斗聒噪	【闹樊楼】孤身先自添烦恼。永凄凉，前难煞。见这老树啼乌绕，野寺哀猿叫。鸳鸯畔，滴溜溜败叶儿飘。珰珰，击玎珰风铃儿斗聒噪
【滴滴金】窗前皓月偏来照，是铁石人也瘦了。恹恹怎生眠一觉。恨绵绵空懊恼。离情悄悄，病淹淹怎生捱到晓。此生怎逃，扑簌簌泪抛	【滴滴金】窗前皓月偏来照，便是铁石人也瘦了。闷恹恹怎生眠一觉。恨悠悠空懊恼。离情怎消，病沉沉怎捱到晓。死生怎逃，扑簌簌珠泪暗抛	【滴滴金】窗前皓月偏来照，便是铁石人也瘦了。闷恹恹怎生眠一觉。恨悠悠空懊恼。离情悄悄，病淹淹怎生捱到晓。此生怎逃，扑簌簌泪浇	【滴滴金】窗前皓月偏来照。便做铁石人也瘦了。恹恹怎生眠一觉。恨悠悠空懊恼。离情离情悄悄，闷恹恹怎生捱到晓。此生怎逃，扑簌簌泪抛	【滴滴金】窗前皓月偏来照。便做铁石人也瘦了。闷恹恹怎生眠一觉。恨悠悠空懊恼。离情离情悄悄，闷恹恹怎生捱到晓。此生怎逃，扑簌簌泪抛
【画眉序】欲成凤鸾交，甚物将人梦惊觉。是谁家庭院，故把琴调。方才待弦续鸾胶，谁想道风吹别调。静听句意十分妙，光风霁月逍遥	【画眉序】欲成凤鸾交，甚物将人梦惊觉。是谁家庭院，故把琴调。方才待弦续鸾胶，谁想风吹别调。静听句韵十分妙，光风霁月逍遥	【画眉序】欲成范凤鸾交，甚物将人梦惊觉。是谁家别院，故把琴调。方才待弦续鸾胶，谁想被风吹别调。静听句意十分妙，光风霁月逍遥	【画眉序】欲成范凤鸾交，甚物将人梦惊觉。是谁家别院，故把琴调。方才待弦续鸾胶，谁想道风吹别调。静听句意十分妙，风光霁月逍遥	【画眉序】欲成范凤鸾交，甚物将人梦惊觉。是谁家别院，故把琴调。方才待弦续鸾胶，谁想道风吹别调。静听句意十分妙，风光霁月逍遥

（续表）

《旧编南九宫谱》	《新编南九宫词》	《雍熙乐府》	《词林摘艳》	《盛世新声》
【啄木儿】弦中正，指下高，是余音太古雅操。拍托勾剔打抹挑，泛声轻拂度好。轻如点水蜻蜓小，闹如夜宿乌鸦噪。小间勾语音揉，是仙音鹤鸣九皋	【啄木儿】弦中正，指下高，是余音太古雅操。拍托勾剔打抹挑，泛声轻拂度好。轻如点水蜻蜓绕，闹如夜宿乌鸦噪。小间勾轮引吟揉，似仙音鹤鸣九皋	【啄木儿】弦中正，指下高，是余音太古雅操。拍托勾剔打抹挑，泛声清法度好。轻如点水蜻蜓绕，闹如夜宿乌鸦噪。小涧勾轮音吟揉，似仙音鹤鸣九皋	【啄木儿】弦中正，指下高，是余音太古雅操。拍托勾剔打抹挑，泛声韵法度好。轻如点水蜻蜓绕，闹如夜宿乌鸦噪。小涧勾轮音吟揉，似仙音鹤鸣九皋	【啄木儿】弦中正，指下高，是余音太古雅操。拍托勾剔打抹挑，泛声韵法度好。轻如点水蜻蜓绕，闹如夜宿乌鸦噪。小涧勾轮音吟揉，似仙音鹤鸣九皋
【三段子】夜深静悄，此曲中有才调。指法更好，此琴中果奇妙。伊家怎晓。高山流水知音少。怎诉与相如知道。使文君春心荡了	【三段子】夜深静悄，此曲中有才调。指法更好，这琴中果绝妙。伊家怎晓。高山流水知音少。怎抚与相如知道。使文君把春心都荡了	【三段子】夜深静悄，此曲中有才调。指法更好，此琴中果奇妙。伊家怎晓。高山流水知音少。怎诉与相如知道。使文君春心都荡了	【三段子】夜深静悄，此曲中有才调。指法更好，此琴中果奇妙。伊家怎晓。高山流水知音少。怎附与相如知道。使文君春心荡了	【三段子】夜深静悄，此曲中有才调。指法更好，此琴中果奇妙。伊家怎晓。高山流水知音少。怎附与相如知道。使文君春心荡了
【双声叠韵】（又名【斗双鸡】）听别院，听别院，漏声渐杳。香风蔼蔼，香风蔼蔼，楚云缥缈。告天，天还知道。愿逢水上人，月下老，早教我一双双团圆到老	【斗双鸡】听别院，听别院，漏声渐杳。香风蔼蔼，楚云缥缈。告天，天还知道。我只里告天，天还知道。愿逢水上人，月下老，早教我一双双团圆到老	【双声叠韵】听别院，听别院，漏声渐杳。香风蔼蔼，香风蔼蔼，楚云缥缈。告天告天，天还知道。愿逢水上人，月下老，早教我一双双团圆到老	【双声叠韵】听别院，听别院，漏声渐杳。香风蔼蔼，香风蔼蔼，楚云缥缈。告天告天，天还知道。愿逢水上人，月下老，早交我一双双团圆到老	【双声叠韵】听别院，听别院，漏声渐杳。香风蔼蔼，楚云缥缈，告天告天，天还知道。愿逢水上人，月下老，早交我一双双团圆到老

(续表)

《旧编南九宫谱》	《新编南九宫词》	《雍熙乐府》	《词林摘艳》	《盛世新声》
【下小楼】驾车,娇姿来到,似嫦娥下九霄。卑人无福怎生消。闲把瑶琴一操,异日须会题桥	【下小楼】驾车,娇姿来到,似嫦娥降九霄。卑人福分怎生消。闲把瑶琴一操,异日须会题桥	【上小楼】驾车,驾车娇姿来到,似嫦娥下九霄。卑人福分怎生消。闲把瑶琴一操,异日须会题桥	【下小楼】驾车,驾车娇姿来到,似嫦娥下九霄。卑人福分怎生消。闲把瑶琴一操,异日须会题桥	【下小楼】驾车,驾车娇姿来到,似嫦娥下九霄。卑人福分怎生消。闲把瑶琴一操,异日须会题桥
【耍鲍老】夫人小玉都睡了,莫辜负好良宵。望天外月如洗,庭砌畔花阴绕。韶华易老,双径小亭花绣草。楼阁侵云表,风清露皎。山隐隐,水迢迢,闷把湖山靠。罗袜鞋儿小,云鬓乱,金凤翘。慢行休啰唣,只恐怕外人瞧	【耍鲍老】夫人小玉都睡了,莫辜负好良宵。望天外月如洗,任砌畔花阴绕。韶华易老,双径小溪花绣草。楼阁侵云表,风清露皎。山隐隐,水迢迢,闷把湖山靠。罗袜鞋弓小,云鬓乱,金凤翘。慢行休罗皂,只恐怕外人瞧	【耍鲍老】夫人小玉都睡了,莫辜负好良宵。望天外月如洗,听砌畔花阴绕。韶华半老,双径小蹊花绣草。楼阁侵云表,风清露皎。山隐隐,水迢迢,闲把湖山靠。罗袜鞋弓小,云环乱,金凤翘。慢行休罗皂,只恐怕外人瞧	【耍鲍老】夫人小玉都睡了,莫辜负好良宵。望天外月如洗,庭砌边花阴绕。韶华半老,双径小蹊花绣草。楼阁侵云表,风清月皎。山隐隐,水迢迢,闲把湖山靠。罗袜鞋弓小,云环乱,金凤翘。慢行休啰唣,只恐怕外人瞧	【耍鲍老】夫人小玉都睡了,莫辜负好良宵。望天外月如洗,庭砌边花阴绕。韶华半老,双径小蹊花绣草。楼阁侵云表,风清月皎。山隐隐,水迢迢,闲把湖山靠。罗袜鞋弓小,云环乱,金凤翘。慢行休啰唣,只恐怕外人瞧
	【尾声】潜踪蹑足忙来到,切莫使夫人知道,把受过凄凉休忘了	【尾声】潜踪蹑足行来到,且莫使夫人知道,天与的荣华富贵到老	【余音】潜踪蹑足行来到,切莫使夫人知道,天与的荣华富贵到老	【余音】潜踪蹑足行来到,切莫使夫人知道,天与的荣华富贵到老

通过比勘,我们可以发现蒋孝在编纂《旧编》《新编》的过程中,充分发挥了自身的主观能动性,对所依据的材料并不全盘照搬,而是既有因袭,又有改订。

其一,有所因袭。

《旧编》中的这套曲子直接选自作品本身,故而保留了引子【瑞云浓】;而《新编》是录自其他曲集,依惯例曲集往往不选引子,所以《新编》也没有引子。①

《旧编》录有一支调名为【出队子慢】的曲子，而其他诸书相应的调名都写作【出队子】。【出队子慢】这一称谓承袭自唐宋大曲。查《十三调谱》中录出的慢曲子有【声声慢】【大胜乐慢】【绛都春慢】【庆青春慢】【尾犯慢】【念奴娇慢】【贺新郎慢】【大胜乐慢】【金莲子慢】【风入松慢】【祝英台慢】【五供养慢】【月上海棠慢】【红林檎慢】共十四支，而到了《旧编》里则仅剩【出队子慢】【祝英台慢】【赛沙子慢】三调，可见在实际使用中这种慢曲子的曲牌名呈现出逐步减少的趋势。自《张协状元》以降，遍查现存的南戏（传奇）作品，均未发现有写作【出队子慢】者。《旧编》在此处录出【出队子慢】，极大的可能是直接承袭自原作。②

其二，有所改订。

比如【出队子】一调，据《沈谱》云："旧谱又有【出队子慢】乃北曲体。"③可知其是北曲。此调《新编》首句为四字句。其余诸书所录【出队子】首句均为七字句。今查《新编》的句式与《张协状元》中的【出队子】相同：

【出队子】特降祥云，为强人劫那路人。路人是张协有佳名。桂籍之中有姓名。今宵定没宿处来叩门。④

可见，《新编》虽注明录自《雍熙乐府》，但显然蒋孝在具体编录时做了一定的修改，并且这种修改并非完全恣意而为，同样在寻求恪守某种格律规范。为进

---

① 另外《新编》原文大多未说明所录曲文的作者，通过对《新编》曲文作者的统计，也能看出蒋孝所选曲文大多是当朝人所作。（见前文表3-2《新编南九宫词》曲文作者表）
② 《南词叙录》"宋元旧篇"中录有《崔莺莺西厢记》，"本朝"中录有李景云《西厢记》。《南词叙录》写作时代与蒋孝相当，可见蒋孝当时完全有可能看到原作。
③ （明）沈璟：《增定南九宫曲谱》卷十四，载王桂秋主编《善本戏曲丛刊》第三辑，台湾学生书局1984年影印本，第456页。
④ （宋）九山书会编撰，胡雪冈校释：《张协状元校释》第十出，上海社会科学院出版社2006年版，第51页。

一步说明蒋孝的修改有所本，现举其他用例如次。

《刘知远诸宫调》知远探三娘与洪义厮打第十一：

【黄钟宫·出队子】知远惊来，魂魄俱离壳。前来扯定告娇娥。金印将来归去呵，红日看看西下落。　三娘变得嗔容恶，骂薄情听道破。你咱实话没些个，且得相逢知细琐，发迹高官非小可。①

《刘知远诸宫调》君臣弟兄子母夫妇团圆第十二：

【黄钟宫·出队子】岳氏夫人，三娘和众官，诸亲衙内向筵间，苦告把安抚频劝谏，知远才时息怒颜。　解放绑索都交免，诸人登筵休致难。其时洪义却回言，深感经略不处断，思想从前悔万千。②

锦本《苏秦》一〇劝秦勤读提灯寻夫苏秦刺（股）：

【出队子】英雄进士，英雄进士，争奈时乖运不通。暂埋头角未成龙，镇日价咈咈怒气冲。论君子须当困穷。③

锦本《东窗记》：

【出队子】[三]（王）公之位，自小登科夺上魁。只因前日杀岳飞，使

---

① 廖珣英校注：《刘知远诸宫调校注》，中华书局1993年版，第118页。这实际上相当于【出队子】【幺篇】的组合。
② 廖珣英校注：《刘知远诸宫调校注》，中华书局1993年版，第155页。
③ 孙崇涛、黄仕忠笺校：《风月锦囊笺校》，中华书局2000年版，第320页。

我心神如醉痴。灵隐寺［斋］（齐）僧忏悔。①

我们可以看到在蒋孝之前的作品中【出队子】的句式大多是四、五、七、七、七结构，或许这便是为什么蒋孝要将《雍熙乐府》的首句七字改成首句四字的结构。

再如【双声叠韵】一调。《旧编》作【双声叠韵】且有小注云："又名【斗双鸡】。"《盛世新声》《词林摘艳》《雍熙乐府》皆只作【双声叠韵】。既然《新编》参考的对象是《雍熙乐府》，照理也应作【双声叠韵】才是，但是《新编》此调偏偏题作【斗双鸡】。这一改动显然是受到了蒋孝先前编纂的《旧编》的影响。

总之，由于《旧编》所据的《崔莺莺西厢记》已经散佚，《旧编》在收录"团团皎皎"一套时究竟是原封不动，抑或作了一定的处理？现已不得而知。而《新编》因注明出自《雍熙乐府》，经比对可知其所录曲文与《雍熙乐府》的差异是显而易见的。这种既列出"参考书目"又与它有相当差距的现象，说明蒋孝在进行编纂工作时一定发挥了其主观判断，并没有简单地照搬，而是根据自己的判断作了一定的改订。将这种差异性置于当时的文化背景中来看，改订行为本身无不具有推陈出新的意图在其中。我们甚至可以将视野扩大一些，看一下明末至清初的曲谱发展史。无论是《沈谱》之于《蒋谱》，还是《九宫正始》之于《沈谱》《蒋谱》，一代代编谱者的意图无不是想推陈出新，取而代之。

另外，需要指出的一点是，与《旧编》相比，《新编》多删去衬字，比如：
【绛都春】,《新编》作："恐辜负青春年少。"
《旧编》作："忍负我青春年少。"
【出队子（慢）】,《新编》作："幽居古寺。"

---

① 孙崇涛、黄仕忠笺校：《风月锦囊笺校》，中华书局2000年版，第716页。

《旧编》作:"是我幽幽居在古寺。"

【闹樊楼】,《新编》作:"老树啼乌绕。"

《旧编》作:"只见老树啼乌绕。"

造成《旧编》《新编》这种差异的原因大抵是两书所收曲文的来源不同,《旧编》以剧曲为主,多从剧作中挑选;《新编》以散曲为主,则多从曲集、曲选中辗转搛得。这从两本曲谱的题注也能看出端倪,《旧编》多注明剧名,《新编》只有【双调】中的【夜行船】一套注明《玩江楼记》,其余大多写作者名或曲集名或古词、新词等。

第三节 蒋孝在编纂中所体现的曲学思想

一、集曲著录方式的创新

集曲是南曲中普遍运用的一种曲调变化方式,它通过摘取若干支曲牌中的若干乐句,来组成一支新的曲牌。宋元以来的南曲实践中已产生了许多集曲,《蒋谱》亦收录有不少这类曲牌,见表3-4。

表3-4 《蒋谱》收录集曲曲牌

宫调	曲牌名	所集曲牌
正宫	锦庭乐	锦缠道头、满庭芳中、普天乐尾
	锦庭芳	锦缠道头、满庭芳尾
	雁鱼锦	雁过声、二犯渔家傲、锦缠道、二犯渔家灯、喜渔灯
	三字令过十二桥	四边静、锦庭香同
	雁来红	前雁过声,后红娘子
	雁过灯	前雁过声,后渔家灯

（续表）

宫调	曲牌名	所集曲牌
南吕	女临江	女冠子头、临江仙尾
	锁窗郎	锁窗寒头、阮郎归尾
	三换头	五韵美、腊梅花、梧叶儿
	五样锦	腊梅花、香罗带、刮古令、梧叶儿、好姐姐
	罗带儿	香罗带头，梧叶儿尾
	绣带宜春令	十样锦过白练序，转调黄钟
	太平白练序	醉太平头、白练序尾
	浣溪啄木儿	浣溪沙头、啄木儿尾
	三段鲍老催	三段子头、鲍老催尾
	出队莺乱啼	出队子头、莺乱啼尾
	八宝妆	罗江窗、梧桐树、香罗带、皂罗袍、五更转、东瓯令、懒画眉、梁州序
	罗江怨	香罗带、一江风
	金络索	金梧桐、东瓯令、针线箱儿、解三酲、画眉序、寄生草
越调	霜蕉叶	霜天晓角、金蕉叶
	山桃红	下山虎头、小桃红尾
	忆花儿	忆多娇头、梨花儿尾
	蛮牌嵌宝蟾	蛮牌令头、斗宝蟾尾
商调	六么梧桐	六么令头、梧叶儿尾
	金水梧桐花皂罗	江儿水、水红花、皂罗袍
	莺集御柳春	莺啼序、集贤宾、簇御林、春三柳
	梧桐挂羊尾	金梧桐头、山坡羊尾
双调	珍珠马	珍珠帘头、风马儿尾
	船入荷花莲	夜行船头、花心动尾
	孝南枝	孝顺歌头、锁南枝尾
	沙雁练南枝	雁过沙头、锁南枝尾

(续表)

宫调	曲牌名	所集曲牌
仙吕入双调	桂花遍南	桂枝香头、锁南枝尾
	金犯令	四块金、淘金令、絮婆婆、江儿水

集曲的曲文如何著录,在蒋孝之前并无现成的曲谱可参考,《蒋谱》对集曲的处理方式,也体现了蒋孝的编谱智慧。兹举【正宫过曲·锦庭芳】【南吕过曲·五样锦】【商调过曲·莺集御林春】三例以说明之。

锦庭芳　锦缠道头,满庭芳尾

向名园,对韶华风光俨然,花柳竞争妍。折一枝娇滴滴海棠新鲜,可人处花如奴少年。○咱这里为情人恋芳尘,虚度了青春。早早从人愿,告天天可怜见,早交我成就了好姻缘。

五样锦　腊梅花、香罗带、刮古令、梧叶儿、好姐姐

姻缘将谓五百年眷属,十生九成欢聚。○经艰历险,幸然无虞也。止望否极生泰祸绝受福。○末后,尚有如是苦。○急浪狂风。○风吹折并根连枝树,浪打散鸳鸯两处孤。

莺集御林春　莺啼序、集贤宾、簇御林、春三柳

恰才的乱掩胡遮,事到如今漏泄。○姊妹心肠休见别,夫妻上莫不有些周折。○教我难推怎阻,我一星星对伊仔细从头说。○姓蒋名世隆,中都路是家,是我儿夫授儒业。

《蒋谱》将不同来源的曲牌用符号○区隔,结合曲牌后的小注,其曲牌组合形式可谓一目了然。唯其如此,《蒋谱》对填词作曲者才能起到示范的作用。并

且能对集曲中不同来源的曲调加以区分，这也体现了蒋孝的曲学素养。

《蒋谱》对于集曲的标注方式是具有创造性的，而这一方式在《沈谱》中也被吸收与继承，兹举《沈谱》【南吕过曲·五样锦】为例：

五样锦

【腊梅花】因缘将谓是五百年眷属，十生九成欢聚。【香罗带】经艰历险，幸然无虞也。指望否极生泰祸绝受福。【刮古令】末后，尚有如是苦。【梧叶儿】急浪狂风。【好姐姐】风吹折并根连枝树，浪打散鸳鸯两处孤。

可知，《沈谱》关于集曲的著录方式无非是在曲文中标示出了每个曲牌名，其本质与《蒋谱》并无区别。

二、小注中体现蒋孝的曲学思想

1.《旧编》目录即陈、白二氏所藏《南九宫谱》

王古鲁《国立北平图书馆所藏之蒋孝〈旧南九宫谱〉》一文判断《旧编九宫谱》的目录即是陈、白二氏所藏《南九宫谱》目录，他说：

蒋氏所谓之陈、白二谱，名虽为谱，实为目录，而蒋谱则由蒋氏依据此目录，选取曲辞，每调各谱一曲而制成者。其经过情形既若是，则吾人或可断定此书之总目录，原为陈、白二谱中之《南九宫谱》。蒋氏于每调各谱一曲时，具有或种理由，而作此有系统的省略及增出，但仍存旧谱面目，未撰新目。[①]

王古鲁的意思是《旧编》现有之目录保留了陈、白二氏所藏《南九宫谱》的

[①] 王古鲁：《国立北平图书馆所藏之蒋孝〈旧南九宫谱〉》，载［日］青木正儿《中国近世戏曲史》，王古鲁译著，中华书局2010年版，第435页。

原貌，而《旧编》的正文则是以《南九宫谱》为基础，由蒋孝根据实际情况适当增删后的结果。因此，通过两者的对比，我们可以看出蒋孝具体做了哪些调整。王文指出《蒋谱》目录中曲名与各调所谱之曲名不相符者多达三十八处，又指出总目录所载曲目与谱中所收之曲辞不相一致者十二处。然而，王古鲁著此文时所参考的是何钫刻本《旧编南九宫谱》，对比蒋孝原刻本，可知何本舛误颇多，王氏援此为据，纰缪难免，兹以嘉靖二十八年蒋氏原刻本重新做一番考证。

表3-5　《旧编》总目录中曲名与各调所谱之曲名不相符合者[①]

宫　调	何钫刻本总目录曲名	何钫刻本谱辞前曲名	蒋孝原刻本总目录曲名	蒋孝原刻本谱辞前曲名	蒋孝原刻本目录曲名与谱辞前曲名不一致者
仙吕引子	今鸡叫	金鸡叫	金鸡叫	金鸡叫	
仙吕过曲	撼亭秋	撼秋亭	撼亭秋	撼亭秋	
	铁马儿	铁骑儿	铁骑儿	铁骑儿	
	月云高	月儿高	月儿高		【月儿高】后接【月云高】
	傍妆台	傍妆台犯	傍妆台	傍妆台犯	√
正宫引子	破阵子	破障子	破阵子	破阵子	
正宫过曲	禄襕踢	绿襕马	绿襕踢	绿襕踢	
	泣秦娥	泣秦蛾	泣秦娥	泣秦娥	
	锦庭乐	锦庭芳	锦庭乐	锦庭乐	
中吕过曲	乔合笙	乔合生	乔合笙	乔合笙	

---

① 表格中"何钫刻本总目录曲名""何钫刻本谱辞前曲名"为王古鲁原文所列出，"蒋孝原刻本总目录曲名""蒋孝原刻本谱辞前曲名"为本书补入。

（续表）

宫　调	何钫刻本总目录曲名	何钫刻本谱辞前曲名	蒋孝原刻本总目录曲名	蒋孝原刻本谱辞前曲名	蒋孝原刻本目录曲名与谱辞前曲名不一致者
南吕引子	大胜乐	大圣乐	大胜乐	大圣乐	√
	挂贞儿	挂真儿	挂贞儿	（正文缺）	
	破挂贞	破挂真	破挂贞	（正文缺）	
南吕过曲	梁州小	梁州小序	梁州小序	梁州小序	
	大胜乐	大圣乐	大胜乐	大圣乐	
	锁窗寒	锁寒窗	锁寒窗	锁寒窗	
	锁窗郎	锁窗儿	锁窗郎	锁窗郎	
	南吕赚	本宫赚	南吕赚	（正文缺）	
	刘泼帽（犯）	刘泼帽	刘泼帽犯	刘泼帽犯	
越调过曲	五般宜	五般儿	五般宜	五般宜	
	系人心	繁人心	系人心	系人心	
	蛮牌嵌宝蟾	蛮牌令嵌宝蟾	蛮牌嵌宝蟾	蛮牌嵌宝蟾	
商调引子	忆秦娥	忆秦蛾	忆秦娥	忆秦娥	
商调过曲	金络索	金落索	金络索	金落索	√
	莺啼御柳春	莺集御林春	莺集御林春	莺集御林春	
	琥珀猫儿坠	琥珀猫儿	琥珀猫儿坠	琥珀猫儿	√
大石调过曲	赛官音	赛观音	赛官音	赛观音	√
双调引子	珍珠帘	真珠帘	珍珠帘	真珠帘	√
	珍珠马	真珠马	珍珠马	真珠马	√
	四国朝	四国朝（前）	四国朝	四国朝前	
	玉井莲	玉井莲（后）	玉井莲	玉井莲后	√

（续表）

宫　　调	何钫刻本总目录曲名	何钫刻本谱辞前曲名	蒋孝原刻本总目录曲名	蒋孝原刻本谱辞前曲名	蒋孝原刻本目录曲名与谱辞前曲名不一致者
仙吕入双调	古江儿水	古江水儿	古江儿水	古江水儿	√
	山东刘衮	山东刘滚	山东刘衮	山东刘滚	√
	蝦蟆序	絮蝦蟆	蝦蟆序	絮蝦蟆	√
	窣地锦当	窣地锦裆	窣地锦当	窣地锦当	
	朝元歌	朝元歌过	朝元歌	朝元歌过	√
	玉胞肚	玉抱肚	玉胞肚	玉抱肚	√
	蛤蟆序	絮蛤蟆	蛤蟆序	絮蛤蟆	√
	金娥神曲	金蛾神曲	金娥神曲	（正文缺）	

表3-6　《旧编》总目录所载曲目与谱中所收之曲辞不相一致者

	何钫刻本	蒋孝原刻本
1. 凡总目录中曲名下注"重"字者，谱中不收曲辞，且题目亦不载	"南吕过曲""别本附入"中： 贺新郎重 鲍老催尾重	另有： 西江月重
	"黄钟过曲""别本附入"中： 古鲍老催重 玉漏迟序重 古调水仙子重 出队子急重 余音重	"余音"下无"重"字
	"仙吕入双调""别本附入"中： 雁过沙重	与何钫刻本一致
	何钫刻本无"重"字	"中吕过曲""别本附入"中： 鲍老催换头重

第三章　《旧编南九宫谱》与《新编南九宫词》的编纂特色　111

（续表）

	何钫刻本	蒋孝原刻本
2. 凡总目录中曲名下注"见××调"，注"又入××调"或注"与××调同"，谱中所收曲辞不复见	"仙吕过曲""别本附入"中："解连环见南吕"，曲辞仅见于南吕过曲	与何钫刻本一致
	"正宫过曲"中："普天乐又入中吕"，谱中"中吕过曲"内，无此曲（总目录中亦未见此目）。又"锦庭乐""锦庭芳"下均注"又入中吕"，谱中"中吕过曲"内，无此二曲（总目录中亦未见此目）	谱中有"普天乐又入中吕"的曲辞
	"中吕过曲"中："永团圆与鲍老催同"，总目录之"别本附入"中有"鲍老催换头"一目，而谱中无此曲	"鲍老催换头"下注明"重"
	"南吕过曲""别本附入"中："击梧桐亦入商调"，曲辞仅见于"商调过曲""别本附入"中，但总目录"商调过曲""别本附入"中，未揭此目	与何钫刻本一致
	"黄钟引子""别本附入"中："凤凰阁见商调"，曲辞仅见于"商调引子"中	与何钫刻本一致
	"黄钟过曲""别本附入"中："侍香金童见仙吕"，谱中曲辞仅见于"仙吕过曲"中，并于题下注云："原是黄钟宫，今人收入此。"	与何钫刻本一致
	"商调过曲"中："金络索前见南吕"，曲辞仅见于"商调过曲"中	与何钫刻本一致

（续表）

	何钫刻本	蒋孝原刻本
2.凡总目录中曲名下注"见XX调"，注"又入XX调"或注"与XX调同"，谱中所收曲辞不复见	"商调过曲""别本附入"中"西河柳见仙吕"，曲辞仅见于"仙吕过曲"中	与何钫刻本一致
	"仙吕入双调""别本附入"中："地锦花见中吕"，谱中"仙吕入双调"内，未载入，但遍查中吕曲辞无此曲名（总目录"中吕过曲""别本附入"中有此曲名）。仅见"摊破地锦花"，不知所注"见中吕"，是否即指此曲	与何钫刻本一致

　　据上表可知，蒋孝原刻本总目录与谱辞前曲名有出入者实际共有十三处：【傍妆台】作【傍妆台犯】，【大胜乐】作【大圣乐】，【金络索】作【金落索】，【琥珀猫儿坠】作【琥珀猫儿】，【赛官音】作【赛观音】，【四国朝】作【四国朝前】，【玉井莲】作【玉井莲后】，【古江儿水】作【古江水儿】，【山东刘衮】作【山东刘滚】，【虾蟆序】作【絮虾蟆】，【朝元歌】作【朝元歌过】，【玉胞肚】作【玉抱肚】，【蛤蟆序】作【絮蛤蟆】。这些不同处大多可解释为"钞录时之笔误或脱漏"①。唯【四国朝】与【玉井莲】两支曲牌似可进一步讨论。

　　2.《蒋谱》小注为蒋孝所撰

　　在《蒋谱》【双调引子】中【四国朝】【玉井莲】两支曲牌在正文中作【四国朝前】与【玉井莲后】。

---

① 王古鲁：《国立北平图书馆所藏之蒋孝〈旧南九宫谱〉》，载［日］青木正儿《中国近世戏曲史》，王古鲁译著，中华书局2010年版，第435页。

【四国朝前】漫说漫说风流的，如何来吾手下逞。更有更有风流的，如何敢僭称。

【玉井莲后】终朝忍冷担饥，又未知何日是了。

查《沈谱》中这两支曲牌的著录方式与《蒋谱》相同，并且沈璟在【四国朝前】曲辞后有注云：

旧谱于题下注一"前"字，此四句想是前半段耳，或非全引子也。《彩楼记》："彩楼彩楼高结起"二句正是此调，而今人皆以过曲唱之，误矣。嗟乎，《琵琶记》之【凤凰阁】犹以过曲唱之，况《彩楼》乎。①

沈氏在【玉井莲后】曲辞后则注云：

旧谱于题下注一"后"字，而古本《琵琶记》亦刻作【玉井莲后】，但不知全调几句耳。旧谱"忍"字上有"终朝"二字，今依古本不用。然此二句又不协韵，不可晓也。②

根据沈璟的说法，也可知原刻本正文中把"四国朝"改成"四国朝前"，"玉井莲"改成"玉井莲后"是蒋孝有意为之，而非目录中漏刻了"前""后"两字。

然而这两个曲牌在实际使用中，题作"四国朝""四国朝前""玉井莲""玉井莲后"的情况都存在。请看如下例子：

早于《蒋谱》的用例有《宦门子弟错立身》之【四国朝】：

---

① （明）沈璟：《增定南九宫曲谱》卷十四，载王桂秋主编《善本戏曲丛刊》第三辑，台湾学生书局1984年影印本，第622页。
② （明）沈璟：《增定南九宫曲谱》卷二十，载王桂秋主编《善本戏曲丛刊》第三辑，台湾学生书局1984年影印本，第623页。

【四国朝】听得听得人呼唤，特特来此处。①

晚于《蒋谱》的用例有沈璟《埋剑记》第三十三出《狂奔》：

【四国朝前】路途路途多风景，早来到魏州传命。②

张四维《双烈记》第二十一出《乞恩》：

【四国朝】君父艰危日，正人臣扼腕时。

张琦《诗赋盟传奇》第十九出《大宴》：

【四国朝前】（净、老旦扮上）（净）漫说漫说英雄的，如何来庭下。（老旦）更有更有英雄的，欢腾共拜称。③

《黄孝子传奇》第六折《逼媾》：

【玉井莲后】哈嗷是我掌管，听得堂前呼唤。

《张子房赤松记》第十六出《夜宴》：

---

① 《永乐大典戏文三种校注》，中华书局1979年版，第242页。钱氏注云："引子辞句可以减省，此为末二句。上句应作'听得听得人呼唤'，原夺'听得'二字，今补。《九宫正始》册九【越调·四国朝】引《王焕》，作'更有更有风流的'，可证。"
② 《重校埋剑记》，《古本戏曲丛刊》初集影印明继志斋刊本。
③ 《诗赋盟传奇》，《古本戏曲丛刊》二集影印北京图书馆藏明末刊本。

【玉井莲】偏是良宵，有月有花有酒。

《重校埋剑记》第三十出《惜别》：

【玉井莲后】他乡老妇娇儿，又谁知余生在此。

《弄珠楼》第二出《泊缘》：

【玉井莲】观光上国早辞家，济济方盘并驾。

《长生殿》第十三出《权哄》：

【玉井莲后】宠固君心，暗中包藏计较。

通观这些用例，可知明清两代曲家早已不清楚【四国朝】【玉井莲】全调为何。为弄清这两个曲牌的原初形态，这里有必要对其来源作一番梳理。

在《教坊记》中记载的唐代教坊曲有【朝天乐】【西国朝天】，任半塘《教坊记笺订》以为【四国朝】与它们有一定渊源关系，他在【西国朝天】后有笺注："北宋宣和末，汴京多歌藩曲，曰【异国朝】【四国朝】【六国朝】等，应仿此（指【西国朝天】）取名，至南宋，【四国朝】【六国朝】已演为傀儡戏；在盛唐，未知如何。"① 此处任氏所谓的渊源关系仅是由于曲名相像而给出的推测，至于其曲辞

---

① （唐）崔令钦撰，任半塘笺订：《教坊记笺订》，中华书局2012年版，第139—140页。

格律则未必有关。① 其中任半塘所谓的傀儡戏，见周密《武林旧事》卷二："至节后，渐有大队如四国朝、傀儡、杵歌之类，日趋于盛，其多至数千队。"② 可知"四国朝"是南宋末年临安节日活动中表演傀儡戏的舞队名称。同卷"舞队"一条中，也录有名为"四国朝"的队伍。③ 另外，同书卷十"宋官本杂剧段数"里也记有"四国朝"的名目。④《四国朝》是"以歌曲演之"⑤的宋杂剧殆无疑问。而【四国朝】纯粹作为曲名的记载则见于南宋曾敏行《独醒杂志》中："先君尝言，宣和间客京师，时街巷鄙人多歌蕃曲，名曰【异国朝】【四国朝】【六国朝】【蛮牌序】【蓬蓬花】等，其言至俚，一时士大夫亦皆歌之。"⑥ 王国维《宋元戏曲史》亦引了这段话，并云："今南北曲中尚有【四国朝】【六国朝】【蛮牌儿】，此亦蕃曲，而于宣和时已入中原矣。"⑦

通过上述对【四国朝】这一曲牌源流的梳理，我们可以知晓【四国朝】在元代以前无论作为杂剧名抑或歌曲名，都不会在其后加上"前"字。这可与上文所举《张协状元》中的用例相印证。

综上所述，大抵可以推断在陈、白二氏所提供的《南九宫谱》中两个曲牌原本的确题作【四国朝】与【玉井莲】，而蒋孝也知道自己为这两个曲牌所选的曲辞并非全调，只是当时已无法找到【四国朝】与【玉井莲】完整的曲辞。于是，

---

① 任半塘在《教坊记笺订》一书后附的《曲名流变表》中将教坊曲【朝天乐】、宋词【喜朝天】、诸宫调【朝天急】、北曲【朝天子】、南曲【四国朝令】【四国朝序】等置于同一个流变系统之中，但任氏也承认："曲名流变于后世者，限于字面上之直接关系……名辞之流变，以直接明显者为限。如此犹恐名虽近似而实际无关，列之难免附会之嫌。"参见《教坊记笺订》，中华书局2012年版，第197页。
② （宋）四水潜夫辑：《武林旧事》卷二，浙江人民出版社1984年版，第31页。
③ 参见（宋）四水潜夫辑《武林旧事》卷二，浙江人民出版社1984年版，第33页。
④ 参见（宋）四水潜夫辑《武林旧事》卷十，浙江人民出版社1984年版，第158页。王国维将其列为"金元曲调"，参见王国维《宋元戏曲史》第五章，上海古籍出版社1998年版，第50页。
⑤ 语出王国维《宋元戏曲史》第五章，上海古籍出版社1998年版，第51页。
⑥ （宋）曾敏行：《独醒杂志》卷五，上海古籍出版社1986年版，第45页。
⑦ 王国维：《宋元戏曲史》，上海古籍出版社1998年版，第131页。

蒋孝的处理方式就是在目录中保留原初【四国朝】【玉井莲】两个曲牌，而在正文中则另注明"前"与"后"。而在明末以后的戏曲作品中多用【四国朝前】大抵是受了《沈谱》题作【四国朝前】的影响。

既然，现存的嘉靖二十八年刊本《旧编南九宫谱》书前目录保留了陈、白二氏的《南九宫谱》，而蒋孝对于诸如【四国朝】等一些特殊问题采取了于正文题下加小注的方式解决，因此可生出一问——嘉靖本《旧编》目录中那些小注是陈、白二氏所传谱中原有的，还是蒋孝加注上去的呢？

《新编南九宫词》可以为解答这一问题提供一些线索。

先看《十三调谱》【高平调】下面一段注文：

> 与诸调皆可出入。其调曲名皆就引各调曲名合入，不再录出。其六摄十一则，皆与诸调同。用赚，以取引曲为血脉而用也。其"过割搭头"圆混，自有妙处。试观"画眉人远""梦回风透围屏"二套可见。

从这段话中我们可以看出以下几点：

第一，"不再录出"似乎应是编纂者（即蒋孝）的口吻。

第二，其中提到"梦回风透围屏"一套，今天我们可以考察出它由如下曲牌组成：【三台令】—【画眉画锦】—【画锦画眉】—【簇林莺】—【黄莺儿】—【螃蟹令】—【一封书犯】—【马鞍儿】—【皂罗袍】—【梧叶儿】—【水红花】—【尾声】。其中【画眉画锦】和【画锦画眉】两支曲牌属于【高平调】。[①]

其中【画眉画锦】"霍起披衣襟"一支被多本曲集或曲谱收录，并且收录此调的同时还标明所属宫调的有如下几种（见表3-7）：

---

① 具体考察请见第四章第二节第三点"【高平调】之下曲牌用作【赚】"。

表3-7

书名	曲牌名	所属宫调
《吴歈萃雅》	画眉序犯	黄钟 入双调
《词林逸响》	画眉序犯	黄钟 入双调
《南音三籁》	画眉序犯	黄钟宫
《南词新谱》	画眉画锦	黄钟宫
《九宫大成》	画眉画锦	黄钟宫集曲
《新编南九宫词》	画眉画锦	商调，并在正文中注明"入高平调"

如表所示，基本在明后期【画眉画锦】（画眉序犯）这个曲牌都被各种曲集、曲谱归入【黄钟宫】，并不提及【高平调】。而只有《新编南九宫词》中特别说明它"入高平调"，这恰恰与《十三调谱》中的归类一致。《新编》注出这四个字，很可能是因为《十三调谱》【高平调】下的这段注文就是蒋孝所写，所以他才能在编《新编》时同样注明【画眉画锦】"入高平调"。

第三，这首【画眉画锦】的作者《新编》作"燕参政"，《吴歈萃雅》《词林逸响》《南音三籁》等书俱作"燕仲义"，所指当是一人。"参政"是明代的官名："明朝各布政使司置，从三品，位在布政使下。"[①] 由此可知，既然这首【画眉画锦】是明人的作品[②]，那么这段文字就不可能是《十三调谱》原有的。

另外，《十三调谱》【南吕调·浣沙溪】下有注云：

《草堂诗余》作【浣溪沙】者，非。

---

① 吕宗力主编：《中国历代官制大辞典》（修订版），商务印书馆2015年版，第614页。
② 任中敏《散曲之研究》一文也将燕仲义列为明人。参见任中敏著，金溪辑校《散曲研究》，凤凰出版社2013年版，第33页。

《草堂诗余》是南宋人编辑的一本词选，这本词选在明代极为流行。清人王昶《明词综》序中说："及永乐以后，南宋诸名家词皆不显于世，惟《花间》《草堂》诸集盛行。"①《草堂诗余》对明代的剧作、曲选、曲论都产生了影响。②因此，写出这条小注的是明代人的可能性也比较大。

　　综合上述几点可以得出如下结论：这些小注并非原来《九宫谱》《十三调谱》所有，而是蒋孝在刊印的时候加上去的。相对于整本《旧编》来说，这些小注只是极少的一部分，但通过对其辨析，进而弄清楚了它们是蒋孝所写的这一事实之后，可以让我们更加确定两点：1.蒋孝虽然没有曲学论著存世，但他并非不谙曲律，他的曲学思想已经融汇、包容在他所编刻的曲谱、曲集之中；2.因为注文是蒋孝所撰，其中必然带有个人化的色彩以及时代的信息；故而在分析这些注文时，我们必须客观地看待，不能径直通过否定这些注文来否定《九宫谱》《十三调谱》。③

三、《南小令宫调谱序》中的曲学思想

　　《南小令宫调谱序》（图3-3）冠于《旧编》卷首，是蒋孝现存唯一一篇与曲学有关的文字。

---

① （清）王昶辑，王兆鹏校点：《明词综》"序"，辽宁教育出版社1997年版，第1页。
② 参见赵山林《试论〈草堂诗余〉在明代的流传及词曲沟通的趋势》，《文艺理论研究》2010年第4期。
③ 比如魏洪洲《陈、白二氏〈九宫谱〉〈十三调谱〉考原》（《社会科学辑刊》2015年第2期）一文中便以"尾声格调"提到了明初李景云的《西厢记》，作为《十三调谱》是明初产生的理由之一。但根据本节的结论，诸如"尾声格调"下面的注文应该也是蒋孝所撰。

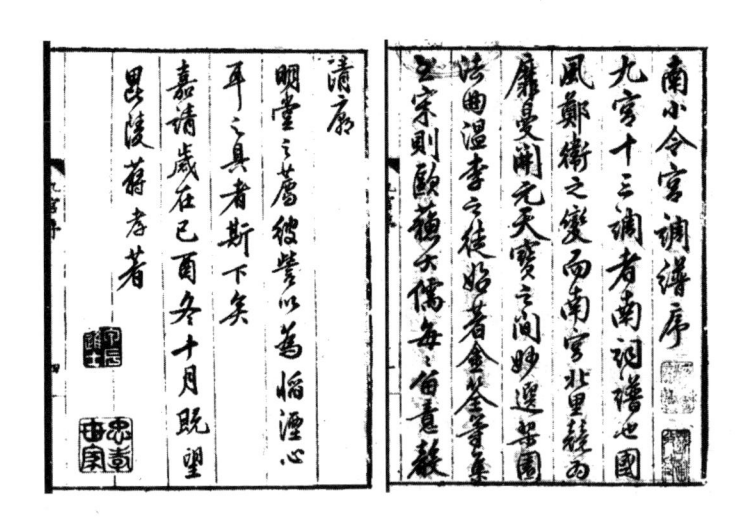

图 3-3 蒋孝手书《南小令宫调谱序》，序末钤有"甲辰进士""忠孝世家"两印

南小令宫调谱序

　　《九宫》《十三调》者，南词谱也。《国风》郑卫之变，而南宫北里，竞为靡曼。开元天宝之间，妙选梨园法曲，温李之徒，始著《金荃》等集。至宋，则欧苏大儒，每每留意声律，而行家所推词手，独云黄九秦七。是则，声乐之难久矣。完颜之世，有董解元者以北曲擅场，骚人墨客，一时宗尚。类能抒思发声，下至优倡贱工，亦皆通晓其义。于是乐府之家，有门户、有体式、有格势、有剧科、有辞调、有引序，作者非是莫宗，歌者非是不取。以故音韵之学，行于中州。南人善为艳词，如"花底黄鹂"等曲，皆与古昔媲美。然崇尚源流，不如北词之盛。故人各以耳目所见，妄有述作。遂使宫徵乖误，不能比诸管弦，而谐声依永之义远矣。余当铅椠之暇，因思大雅不作，而乐之所生，皆由人心。古之声诗，即今之歌曲也。昔《二南》《国风》，出于民俗歌谣。而《南风》《击壤》之咏，实彰《韶濩》之治，是乌可以下里淫艳废哉！适陈氏、白氏出其所藏《九宫》《十三调》二谱，余遂辑南人所度曲数十家，其调与谱合，及乐府所载南小令者汇成一书，以备词林之阙。呜呼！世无伦、旷，则古乐之与兴废

不可知。苟得其人，则由粗及精，固可以上求声气之元。又安知不有神解心悟，因牛铎而得黄钟者邪？是集也，余实有俟于陈采，以充清庙明堂之荐。彼訾以为愉湮心耳之具者，斯下矣。

嘉靖岁在己酉冬十月既望，毗陵蒋孝著

蒋孝在这篇序中一方面说明了他编刻这本《旧编南九宫谱》的材料来源，即陈、白二氏所藏的《南九宫谱》《十三调谱》，另一方面也阐明了他的曲学观点。

关于南北曲源流问题。蒋孝将南北曲的源头上溯至《国风》，并梳理了由唐法曲到唐宋词一脉相延的发展过程，指出到了黄庭坚、秦观之时"声乐之难久矣"。而北曲由金入元，由诸宫调到杂剧，不但继承了《国风》以来的传统，而且还发展出一整套可为作者、歌者遵守的规则，即"有门户、有体式、有格势、有剧科、有辞调、有引序"。因此，北曲广为大家所尊崇，以至于"作者非是莫宗，歌者非是不取"。关于南曲的历史，蒋孝亦将其与《二南》《国风》等古歌谣相联系，同时也指出南曲虽然也有"花底黄鹂"[①]这样的佳作，但"崇尚源流，不如北词之盛"，人们往往"以耳目所见，妄有述作"，以至于很多作品乖于音律，不能演唱。也正因此，《旧编南九宫谱》之作方才有其切实的必要。

总的来说，蒋孝编《旧编》目的是填补南曲无谱之阙，其指导思想是以北曲为榜样，同时也不轻视南曲，而是以客观的态度来看待南曲。蒋孝所处的时代几乎同时产生了南曲的曲谱（《旧编南九宫谱》）以及专门研究南戏的专著（《南词叙录》）。这也反映了这一时期文人阶层渐渐开始重视南曲的趋势。

[①] 全套见《新编》所收【夜行船】《玩江楼》，明人诸选本只收零星几曲，唯此书有全套，尤为可贵。

第四章

蒋孝及其曲谱在曲学史上的意义与影响

本章首先确定了《南九宫谱》《十三调谱》的成书时代，在此基础上通过《旧编》《新编》中一些小注所传达的信息来考察南曲宫调的发展演变情况，并且全面研究了"六摄十一则"中每一摄的含义、功用及产生时代。最后，本章将对蒋孝及其曲谱在曲学史上的意义与影响作一番总结。

第一节 《南九宫谱》《十三调谱》的成书时代

本节首先在前人研究的基础上补充了一些新的证据，指出《南九宫谱》《十三调谱》的成书年代分别定于元初和明初更为合理。其次就《南词叙录》中关于"宫调""宫商""九宫""南九宫"等词的含义作了一番辨析。

一、两谱分别成于明初与元初

据蒋孝《南小令宫调谱序》自陈，《九宫》《十三调》二谱得自陈、白二氏。至于二谱是什么时代的产物，蒋氏并未明言。现今学界对《南九宫谱》的成书年代意见比较一致，一般都认为成于明初。而对于《十三调南曲音节谱》的成书年代，大致有三种看法。

1. 元中叶说

理由（1）《十三调谱》中"六摄十一则"乃明代南曲家不知之古法。

理由（2）《十三调谱》中"慢词""近词"为明人不用之法。

理由（3）《十三调谱》留宋代"唱赚"痕迹颇重。①

2. 南宋说

理由（1）《十三调谱》"慢词""近词"之名直用宋词，可见接近宋代。

理由（2）从"十三调"到"九宫"，淘汰四调，这需要相当长的时间。

理由（3）《十三调谱》宫调系统接近诸宫调，应在词乐向曲乐过渡阶段，大约相当于《董西厢》问世的金章宗（宋光宗）之前的一段时间里。②

3. 明初说

理由（1）《张协状元》中所用到的曲牌《九宫谱》比《十三调谱》记录得更多，说明《十三调谱》不会比《九宫谱》更早。

理由（2）现存的能反映宋元南戏原貌的作品曲牌前都未标明宫调，说明当时的南曲还未归纳出自己的宫调系统。

理由（3）《十三调谱·尾声格调》提到了元末明初的作品。③

其实"元中叶说"与"南宋说"所持理由差不多，大抵都是以书中提到的某些概念较古奥为依据，只是结论不同而已。至于"明初说"举出的前两点理由并无足够的说服力，唯其第三点需要一辨。"明初说"指出《十三调谱·尾声格调》中提到了元末明初的作品，故而认为《十三调谱》产生于明初。这种观点没有充分考虑到书籍在流传过程中被删改的可能。正如前文所述，明人喜在编刻古书时

---

① 参见［日］青木正儿《中国近世戏曲史》，王古鲁译著，中华书局2010年版，第403—405页。
② 参见钱南扬《论明清南曲谱的流派》，载《汉上宦文存续编》，中华书局2009年版，第167—169页。另见周维培《曲谱研究》，江苏古籍出版社1999年版，第97—98页。
③ 参见魏洪洲《明清戏曲格律谱研究》，博士学位论文，黑龙江大学，2015年，第79—82页。

掺入自己意见，考虑到《十三调谱》许多调名下的小字当是该曲谱在流传过程中后人（蒋孝）所注，那么《尾声格调》所提到的元末明初作品完全有可能是后人（蒋孝）所加。

关于《十三调谱》的成书年代，本书比较倾向于元初。首先，通观《十三调谱》，它确实如上文"元中叶说""南宋说"所说的带有浓重的接近于宋词的特点，这与《南九宫谱》差别较大，很难想象两谱会出于同时。除此以外，尚有如下理由可资补充。

如果《十三调谱》成书于明初，那么"六摄十一则"之"傍拍"[1]的意义在明初应当还是相当清楚的，但为何到了明代中后期就彻底被人们遗忘，以至于王骥德、沈璟等人统统解释不清它的意思。所以更大的可能性是写出"傍拍"的人所处的年代应当远早于明代，对于明人来说"傍拍"已经是个古词，其含义早已失落。

据《项氏家说》中有关"傍拍"的记载，可知"傍拍"一词出现的时间不会早于南宋高宗时期。[2]与之相应的，王国维《宋元戏曲史》第十四章《南戏之渊源及时代》判断【荼蘼香傍拍】出于"金诸宫调"。[3]金代的时间大抵与南宋重合，这也可印证"傍拍"一词出现在南宋。考虑到现在仅有【荼蘼香傍拍】一支调名还保存在曲谱、曲集中，可见"傍拍"这一称谓在历史上的影响力并不深远。[4]而"六摄十一则"中恰恰提到了"傍拍"二字，说明提出"六摄十一则"之人所处时代应当非常接近南宋。

那么有否可能是明初的人看到了《项氏家说》而写出的"傍拍"呢。本书认为此种可能性也不大。首先，《项氏家说》早已散佚，据《四库提要》云："自明

---

[1] 有关"傍拍"的论述详见本章第三节。
[2] 详见本章第三节。
[3] 参见王国维《宋元戏曲史》，上海古籍出版社 1998 年版，第 113 页。
[4] 戏文《柳耆卿花酒玩江楼》佚曲中保留了一支【荼蘼香傍拍】，这部作品被《南词叙录》列于"宋元旧篇"，大抵也能说明"傍拍"这一叫法在宋元间尚有一些影响力。

初以来，其本久佚，今惟散见《永乐大典》各韵内。"①其次，明清官私书目，如《文渊阁书目》《内阁藏书目录》《百川书志》《晁氏宝文堂书目》《皕宋楼藏书志》《千顷堂书目》《持静斋书目》等都未著录《项氏家说》除四库版或聚珍版外的其他版本②，可见此书并不易得。所以，明初之人看到了《项氏家说》中的记载而写出的"傍拍"的可能性似乎也不大。

所以"傍拍"一词实际上也属于具有"接近于宋词的特点"。再考虑到"六摄十一则"中"道和"一词可能出现在元代。③

除了上述理由以外，我们还可从以下三个方面对《十三调谱》的成谱时代作进一步考察。

1. 比较曲谱的形态

结合本书第二章第三节最末总结的曲谱发展的五个历史阶段，可以发现处于不同发展阶段的曲谱所呈现出的形态特征也不尽相同，其形态大抵如下表所示：

表4-1　曲谱时代与形态特征

曲谱类型	形态特征	北曲谱代表	南曲谱代表	时代
调名谱	依宫调分列曲名	《中原音韵·乐府共三百三十五章》④	陈、白二氏所藏《九宫》《十三调》	元

---

① 《四库全书总目》卷92，中华书局1965年版，第786页。
② 《四库全书》所收的《项氏家说》辑自《永乐大典》。
③ 详见本章第三节。
④ 学界一般将《中原音韵》中的"四十定格"视作曲谱，而不认为"乐府共三百三十五章"是曲谱。但《中原音韵》在列出"乐府共三百三十五章"之后周德清有言："大抵先要明腔，后要识谱，审其音而作之，庶无劣调之失。而知韵、造语、用事、用字之法，名人词调可为式者，并列于后。"细读这句话，"乐府共三百三十五章"似更有"谱"的意味，而"四十定格"对应的则更像是周氏所言的"式"。

（续表）

曲谱类型	形态特征	北曲谱代表	南曲谱代表	时代
文字谱	依宫调分列曲名，曲名下配以曲文	《中原音韵·四十定格》[1]	《旧编南九宫谱》	元—明初
声调谱	依宫调分列曲名，曲名下配以曲文，曲文旁标注声调	《太和正音谱》		明初
点板谱	依宫调分列曲名，曲名下配以曲文，曲文旁点出板眼	《北词广正谱》	《沈谱》《寒山堂曲谱》	明末—清初
工尺谱	或依宫调分列曲名，或依折出分列曲名，曲名下配以曲文，曲文旁注明工尺	《新定九宫大成南北词宫谱》（南北曲）、《吟香堂曲谱》（昆曲）		清以后

关于某一事物的年代排序问题，我们可参考考古类型学的经验，通过"找出其变化的逻辑序列，再延伸到器物组合和器物群的整体，从中发现阶段性的变化，根据这些阶段性变化的速率和等级，就可以进行遗址和文化的分期工作"[2]。观察以上诸谱的形态特征，可以发现其存在着由简到繁的阶段性变化，这种变化的逻辑序列可以总结为"调名谱""文字谱""声调谱""点板谱""工尺谱"五个阶段，这五个阶段总体上也对应了时代的先后顺序。其中，《十三调南曲音节谱》(《十三调》)与成书于元代的《中原音韵·乐府共三百三十五章》具有相同的"依宫调分列曲名"的特征，可将两者归为一类，考虑到《中原音韵·乐府共三百三十五章》产生于元代，那么《十三调南曲音节谱》(《十三调》)也可能是元代的产物。

---

[1] 虽然本书认为在周德清的观念中"四十定格"只是"式"（范例）而不是曲谱，但后人在总结的时候也完全可以将其视作曲谱的一种，故这里依旧将"四十定格"归为文字谱。
[2] 栾丰实、方辉、靳桂云：《考古学理论·方法·技术》，文物出版社2002年版，第64—65页。

2. 排比"十一则"各名出现的时代

（1）"摊破"出现在宋代："摊破"一名为词调术语，如【摊破浣溪沙】【摊破江城子】【摊破丑奴儿】等，故可知其出于宋代。

（2）"三犯""四犯"出现在宋代："二犯"至"七犯"中只有"三犯"（【三犯渡江云】）、"四犯"（【玲珑四犯】）为宋词词牌所用，而至元明南戏、传奇阶段，"二犯"至"七犯"被使用的例证则均能见到。

（3）"傍拍"出现在南宋，至金代仍知其义："傍拍"即"近拍"，因避宪圣慈烈吴皇后父讳而改①。据《宋史》可知吴皇后封后的时间是南宋绍兴十三年（1143）②，故而"近拍"改为"傍拍"当在该年之后。现在可见的曲牌中尚留存有【酴醿香傍拍】一调③，按照常理，制调之人必然知晓"傍拍"含义方能用其制作新调，且【酴醿香傍拍】必在【酴醿香】之后产生，现知原调【酴醿香】乃由金人王喆（1112—1170）创制④，那么【酴醿香傍拍】创制者必在王喆同时或之后，这也意味着在王喆所处的金代，"傍拍"之义就有人知晓。

（4）"赚"出现在南宋：据《都城纪胜》可知，【赚】曲由张五牛创制于南宋绍兴年间（1131—1162）。⑤

（5）"赚犯""道和"至晚出现在元代：据目前所见材料，【赚犯】【道和】作为曲牌出现在元代的《关大王单刀会》《琵琶记》《子母冤家》等剧作中。

以上是"十一则"各名在宋元四百年间出现的大致时间，其中时代最晚的"赚犯""道和"也提示了"十一则"作为整体被提出的时间或在元代。

---

① 吴皇后之父名近，这属于避皇后家讳。参见本章第三节。
② 参见（元）脱脱等《宋史》卷243列传第二，中华书局1977年标点本，第8647页。
③ 蒋孝所编《旧编南九宫谱》即收有该调曲文。
④ 参见左洪涛《论金代道教词对北宋词的继承——以王重阳和丘处机的词作为例》，载邓乔彬编《第五届宋代文学国际研讨会论文集》，暨南大学出版社2009年版，第531页。
⑤ 灌园耐得翁《都城纪胜》"瓦舍众伎"条："中兴后，张五牛大夫因听动鼓板中又有四片【太平令】，或赚鼓板（即今拍板大节扬处是也），遂撰为【赚】。"

3. 参考《九宫正始》所记录的《九宫十三调谱》的时代

冯旭《南曲九宫正始序》云:"(徐于室)爰将大元天历间《九宫十三调谱》与明初曲集《乐府群珠》一集,与翁朝夕参稽……"[①]钮少雅在《九宫正始》末自序云:"余访海内遗书,适遇元人《九宫十三调词谱》一集,依宫按调,规律严明,得意之极,时不释手。"[②]两人所说的《九宫十三调谱》是编著《九宫正始》的文献依据,且两人皆称其为"元谱"。

此处涉及如何理解这本所谓的《九宫十三调谱》的问题。以往学界多将其视为一本不同于其他已知曲谱的"元谱"。但是这种理解存在诸多不合理之处,钮、徐二人也脱不了假借声势伪托之嫌,对此问题已有学者做过详尽的辨析[③]。除此之外,我们认为还存在着另一种可能:《九宫十三调谱》就是蒋孝所得的《九宫》《十三调》二谱的合称,或二谱的某种合编状态[④]。而且在蒋孝编刻《旧编南九宫谱》之后,《九宫》《十三调》以"调名谱"的形式另外刊行于后世的可能性也是存在的。比如傅增湘《藏园群书经眼录》中记载,其曾见过一卷明写本的《十三调南曲音节谱》。[⑤]那么,钮、徐二人在编撰《九宫正始》时实际参考材料中可能就有《九宫》《十三调》。这点亦可由《九宫正始》【高平调】下所录文字与《十三

---

① 王桂秋主编:《善本戏曲丛刊》第三辑第 31 册,台湾学生书局 1984 年影印本,第 3—4 页。
② 王桂秋主编:《善本戏曲丛刊》第三辑第 34 册,台湾学生书局 1984 年影印本,第 1386—1387 页。
③ 参见黄仕忠《〈九宫十三调曲谱〉考》,《中华戏曲》第 21 辑,山西古籍出版社 1998 年版,第 387—399 页。
④ 将两书合编,并用他名相称之例,并不孤见。如后世《适园藏书志》合录蒋孝《旧编南九宫谱》《新编南九宫词》,总名之曰《南小令九宫谱》。又如明人何钫刊印《太和正音谱》与《旧编南九宫谱》时,便将二谱合称并写作《〈太和正音南九宫词〉总序》,今浙江图书馆藏万历何钫刻本《太和正音谱》及《原国立北平图书馆甲库善本丛书》影印万历何钫刻本《旧编南九宫谱》两书前面都可见到这篇总序。将《九宫》《十三调》二谱合称为《九宫十三调谱》正与此相类。
⑤ 参见傅增湘《藏园群书经眼录》,中华书局 1983 年版,第 1618 页。

调南曲音节谱》【高平调】下文字存在明显的因袭关系中得到证明。[①] 若此说成立，至少说明所谓《九宫十三调谱》与蒋孝所得的《九宫》《十三调》谱同源。那么按照钮、冯二人的认识，《九宫》与《十三调》产生于元代。

综合上述几点理由，我们认为《十三调南曲音节谱》的成谱年代大致可定在元代。那么，"六摄十一则"也不会晚于其时。考虑到"六摄十一则"是作为一种理论总结被曲谱所记录的，该理论的提出可能还更早于《十三调南曲音节谱》。再者，由于"傍拍"一名成因特殊，涵义隐晦，不仅明代已完全不知其义，明之前也绝少用其创制曲调者，而提出"六摄十一则"之人必然明了"傍拍"之义，其时代当接近"傍拍"一词出现的南宋。综合上述诸种因素，我们认为"六摄十一则"产生时代或可定在元初。

二、《十三调谱》《南九宫谱》与《南词叙录》所述宫调观念辨析

现存的南北曲，其宫调分类是否有其音乐学之内涵，前辈学人早已提出怀疑。比如杨荫浏先生在分析了现存昆曲中北曲的音乐后，发现在同一宫调中其定调仍有极大的伸缩性，认为"这样的定调，已与上述南宋燕乐宫调所代表单一的而且一定不易的高低，完全不同"[②]。更有甚者则干脆认为南北曲中宫调的标写只

[①] 《九宫正始》【高平调】下注文有云"其调曲名皆就引各调曲名合入。出其六摄十一则，皆与诸调同"，此句语义欠通，对比《十三调南曲音节谱》相应文字"其调曲名皆就引各调曲名合入，不再录出，其六摄十一则，皆与诸调同"，可知《九宫正始》删去了"不再录"三字。当是由于《九宫正始》下文中还写出了【高平调】引子与过曲中的若干曲牌，自然不能说"不再录出"了。同时《十三调南曲音节谱》原文中"不再录出其六摄十一则皆与诸调同"中"出"字当属上读，而钮、徐二氏误以为其字属下读，故未删去，变成了"出其六摄十一则"。
[②] 杨荫浏：《中国古代音乐史稿》，人民音乐出版社2004年版，第581页。

与换韵有关①，当然这种观点所带来的问题似乎比其所解决的问题更大②，有待进一步研究。若以较为持平的观点历史地看待这一问题，则南北曲之宫调乃是在唐宋燕乐宫调基础上发展而来，其音乐学之涵义从有到无，应该是一个渐变的过程。正如黄翔鹏先生所说：

> "宫""调""宫调"诸语在后来的戏曲家著作中已经完全可作概念的互换，至此丧失专用术语的作用。这些宫调用语也许在明、清以前还有一定乐学含义；到后期，如现存南北曲的清代乐谱中，宫调的本质意义已丧失殆尽。③

可见至少在宋末元初的南北曲的宫调尚具有音乐学之涵义。因此《十三调谱》作为一份"近宋"的文献，其宫调分类尚有其实际意义。现既然推测其成书于元初，也就意味着南曲很早便有了自己的宫调分类系统。这一结论乍看似乎与《南词叙录》中对南曲宫调的认识有所抵牾，因此这里有必要作一番辨析。

《南词叙录》中有关南曲宫调的论述有如下几处④：

1. 其曲则宋人词，而益以里巷歌谣，不叶宫调，故士夫罕有留意者。
2. 今南九宫不知出于何人，意亦国初教坊人所为，最为无稽可笑。夫古之乐府，皆叶宫调；唐之律诗绝句，悉可弦咏，如"渭城朝雨"演为三叠是也。

---

① 参见洛地《诸宫调、元曲之所谓"宫调"疑议》，《江苏师范大学学报（哲学社会科学版）》，2013年第5期。另见洛地《词乐曲唱》，人民音乐出版社1995年版，第323页。
② 洛地先生自己也承认存在诸种问题。比如，宫调与韵到底是怎么样的关系？宫调在音乐学层面上对于诸宫调及元曲究竟有什么意义？参见洛地《宫调与换韵》，《中国音乐》2015年第2期。
③ 黄翔鹏：《宫调浅说》，载《黄翔鹏文存》（上卷），山东文艺出版社2007年版，第85页。
④ 以下文字录自郑志良《〈南词叙录〉校点》，载《明清戏曲文学与文献探考》，中华书局2014年版，第18—22页。

3. 晚宋，而时文、叫吼，尽入宫调，益可为厌。"永嘉杂剧"兴，则又即村坊小曲而为之，本无宫调，亦罕节奏，徒取其畸农、市女顺口可歌而已，谚所谓"随心令"者，即其技欤？间有一二叶音律，终不可以例其余，乌有所谓九宫？必欲穷其宫调，则当自唐、宋词中别出十二律、二十一调，方合古意。是九宫者，亦乌足以尽之？多见其无知妄作也。

4. 宋词既不可被管弦，南人亦遂尚此，上下风靡，浅俗可嗤。然其间九宫、二十一调，犹唐、宋之遗也，特其止于三声，而四声亡灭耳。至南曲，又出北曲下一等，彼以宫调限之，吾不知其何取也。或以则诚"也不寻宫数调"之句为不知律，非也，此正见高公之识。夫南曲本市里之谈，即如今吴下《山歌》、北方【山坡羊】，何处求取宫调？必欲宫调，则当取宋之《绝妙词选》，逐一按出宫商，乃是高见。彼既不能，盍亦姑安于浅近。大家胡说可也，奚必南九宫为？

5. 南曲固无宫调，然曲之次第，须用声相邻以为一套，期间亦自有类辈，不可乱也。

6. 南之不如北有宫调，固也；然南有高处，四声是也。北虽合律，而止于三声，非复中原先代之正，周德清区区详订，不过为胡人传谱，乃曰《中原音韵》，夏虫、井蛙之见耳！

7. 词调两半篇乃合一阕，今南曲健便，多用前半篇，故曰一只，犹物之双者，止取一半，不全举也。……南九宫全不解此意，两只不同处，便下"过篇"二字，或妄加一"幺"字，可鄙。

首先需明确一点，人类绝大多数可歌可奏的音乐都有一定的调性与调式（现代无调性音乐除外），此常理亘古不易，南曲自不能外。《南词叙录》的作者应该不会否认南曲音乐有其调性与调式①。那么，在他这一系列的论述中对南曲宫调及南九宫的质疑，到底表达的是什么意思呢？"宫调""宫商""九宫""南九宫"这些概念在他的语境中究竟所指为何？本书认为：

第一，"九宫""南九宫"是对（分为九个宫调系统的）南曲的概称。

《南词叙录》中的"南九宫"并不专指《旧编南九宫谱》，因为全书并未提及蒋孝或《旧编》。而且既提到南曲，又将南曲分作九个宫调的书也并非只有《旧编》。比如正德年间刊刻的《盛世新声》中就已把南曲分为九个宫调，而后嘉靖四年（1525）刊刻的《词林摘艳》中南曲也被分为九个宫调，并且《盛世新声》《词林摘艳》两书在当时刊刻过多次，曾流行一时②，《南词叙录》作者不会不知。另外，《南词叙录》中"南九宫全不解此意，两只不同处，便下'过篇'二字，或妄加一'么'字，可鄙"一句中提到的"么"与"过篇"（"过篇"当为"幺篇"之误），在《盛世新声》《词林摘艳》《旧编》都曾大量出现。可见，并不能将《南词叙录》所谓的"九宫""南九宫"认作某一本具体的曲谱，而应视作为一个概称，即指被分成九个宫调系统的南曲。又因为《盛世新声》是"梨园中搜辑自元以及我朝，凡辞人骚客所作，长篇短章，并传奇中之奇特者，宫分调析，萃为一书"③，因此可知《盛世新声》所选大多辑自梨园中擅场之曲。说"南九宫"是"国初教坊人所为"大抵是据此作出的判断。

第二，"宫调""宫商"指曲词格律。

最早指出《南词叙录》中"宫调""宫商"当作曲词格律解的是郑孟津先生的

---

① 如果《南词叙录》所表达的意思确实是南曲音乐没有调性、调式的话，那么他对于音乐的认识本身就存在着错误，此处也就没有讨论的必要了。故而以下论述都是在徐渭的音乐常识没有问题的大前提下进行的。
② 参见郑振铎《西谛书话》，生活·读书·新知三联书店2005年版，第171—199页。
③ 《词林摘艳》序，嘉靖四年（1525）刻本，《续修四库全书》，上海古籍出版社2002年影印本，第1740册。

《徐渭〈南词叙录〉几段记述的阐述》[1]一文。文中通过对《南词叙录》上下文的释读,并举出王骥德《曲律》、沈宠绥《度曲须知》中有关的用例,论证了"宫调""宫商"乃指"曲词格律",即"南北词谱中的曲词规格"[2]。

这里再举一个较早的用例作为此种观点的补充。南宋史铸《百菊集谱》补遗卷《咏桃花菊》有注云:

此花八月半开,愚先以"千年"对"三径",缘三字是平声,不叶宫调,故改作"九日",但犯前贤已用之对。[3]

史铸所举是他的词作【瑞鹧鸪】,那两句是"谢天分付千年品,特地挽先九日香"。很明显"不叶宫调"是指不叶文词之格律,并不专指音乐。至于将"宫商"作"文词格律"解的,历代用例较多,兹不赘述。要之,格律本是为"倚声填词"而设,其作用于文词而最终服务于音乐。明乎此,也就不难理解古人为何会直接用"宫调""宫商"这类音乐术语来谈文词了。[4]

综上所述,从音乐的角度来说,南曲谱(集)《盛世新声》《词林摘艳》《南九宫谱》等所使用的宫调分类系统就是"南九宫"。而《南词叙录》所说的南曲"本无宫调"是在怀疑南曲是否存在如北曲那样的"宫调"——即严格的曲词格

---

[1] 郑孟津:《徐渭〈南词叙录〉几段记述的阐释》,《温州师范学院学报(社会科学版)》1987年第3期。另见郑孟津《词曲通解》,上海古籍出版社2014年版,第133—140页。
[2] 郑孟津:《徐渭〈南词叙录〉几段记述的阐释》,《温州师范学院学报(社会科学版)》1987年第3期。
[3] 《景印文渊阁四库全书》,台湾商务印书馆1986年影印本,第845册,第119页。
[4] 古代诗词曲的生产方式分"先诗后歌""倚声填词"两大类,史铸的时代"词谱"类的规范早已形成,故而他的创造必然要考虑遵守格律。参见马骠《南戏声腔音乐研究》,浙江古籍出版社2022年版,第241—250页。

律规范[1]。至于《南词叙录》对"南九宫"的质疑,当是由于作者见到了有些书中将南曲分为"九宫"的客观现象后,对这种分类系统的质疑——但这只能算作是一家之言,我们不能仅凭这一句话就否定南曲被分成九个宫调系统的客观事实。也就是说,无论"九宫"抑或"十三调",都是继承自燕乐系统宫调分类传统。再进一步说,虽然明初的曲坛弥漫着崇北贱南之风,即便蒋孝也承认"(南曲)崇尚源流,不如北词之盛";但既然《十三调谱》是一份"近宋"的文献,那么就意味着南北曲宫调分类是平行发展的结果,并不存在谁模仿谁的情况。

第二节 从《十三调谱》看南曲宫调的发展与演变

宫调之学向来微茫难辨,而《十三调谱》中"互用""出入""亦在"等标注则为我们研究南曲宫调提供了难得的线索,本节即是从这方面入手探寻南曲宫调的发展过程及其演变方向。

一、燕乐调名数量的递减

我国传统的宫调系统约略可分为四大类:一是律声系统的宫调,二是琴律系统的宫调,三是工尺谱系统,或以弦序、孔序为标志的燕乐和民间音乐的宫调,四是词曲和南北曲系统的宫调。[2]

本书所涉及的即其中第四项"词曲和南北曲系统的宫调",它是从隋唐五代

---

[1] 据郑孟津《徐渭〈南词叙录〉几段记述的阐释》一文的观点,明代曲家(如徐渭)之所以主张北曲填词必须比南曲严格是因为考虑到南北曲伴奏形式的不同,因北曲需上弦索,故对曲词音律的要求须严格,而南曲则未必。

[2] 参见《中国音乐词典》,人民音乐出版社1984年版,第121页。

至辽宋间燕乐宫调基础上发展起来的宫调系统。从时代上来看，它的起点是"燕乐二十八调"，随后大致经历了南宋"七宫十二调"、金元"六宫十一调"、元北曲"十二宫调"、元初南曲"十三调"、明清南北曲"九宫"这几个阶段。[①] 各阶段包含的宫调名如下：

"燕乐二十八调"（《唐会要》、段安节《乐府杂录》、《新唐书·礼乐志》）

  正宫、大食调、般涉调、大食角、高宫、高大食调、高般涉调、高大食角、中吕宫、双调、中吕调、双角、道调宫、小食调、正平调、小食角、南吕宫、歇指调、高平调、歇指角、仙吕宫、林钟商、仙吕调、林钟角、黄钟宫、越调、黄钟羽、越角。

宋词"七宫十二调"（张炎《词源》）

  正黄钟宫、高宫、中吕宫、道宫、南吕宫、仙吕宫、黄钟宫、大石调、双调、小石调、歇指调、商调、越调、般涉调、中吕调、正平调、高平调、仙吕调、黄钟羽。

北曲"六宫十一调"（燕南芝庵《唱论》、周德清《中原音韵》）

  正宫、中吕宫、道宫、南吕宫、仙吕宫、黄钟宫、大石调、双调、小石调、歇指调、商调、越调、般涉调、高平调、商角调、宫调、角调（中吕调、仙吕调、黄钟羽）。[②]

[①] 参见叶长海《曲学与戏剧学》，上海古籍出版社2013年版，第46—47页。本书略作改动。
[②] 清人凌廷堪以宫调、角调、商角调有目无曲，重新考定十七宫调名称后去除此三调，改加中吕、仙吕、黄钟羽三种羽调。

南曲十三调（《十三调南曲音节谱》）

仙吕、羽调、黄钟宫、商调、正宫调、大石调、中吕调、般涉调、道宫调、南吕调①、越调、小石调、双调。②

北曲十二宫调（周德清《中原音韵》、朱权《太和正音谱》）

正宫、中吕宫、南吕宫、仙吕宫、黄钟宫、大石调、双调、小石调、商调、越调、般涉调、商角调。

南北曲九宫（陶宗仪《南村辍耕录》、《盛世新声》、蒋孝《旧编南九宫谱》《新编南九宫词》③）

正宫、中吕宫、南吕宫、仙吕宫、黄钟宫、大石调、双调、商调、越调。

从"燕乐二十八调"到"七宫十二调"，到"六宫十一调"，再到"十三调"，最后到"九宫"，我国南北曲所使用宫调数量在不断递减是显然的。为进一步明确每一宫调的变化消减过程及其相对音高位置，兹以"之调式"④解释"八十四调"⑤为参照系，列表如表4-2⑥：

---

① 【南吕调】实际应为【南吕宫】。
② 《十三调谱》还有【商黄调】【高平调】，俱有目无词。
③ 《新编南九宫词》目录中尚有【羽调】一项，但在正文中并入【仙吕】。
④ "之调式"（右旋）即以"均"统率"宫"，以"宫"统率"调"为其基本原则。
⑤ 我国宫调理论中，以十二律旋相为宫，构成十二均，每均都可构成七种调式，理论上共八十四调。燕乐二十八调以降元明诸宫调都可以八十四调为参照，以明确它们在十二律宫调体系中的音位。
⑥ 本表参考王光祈《中国音乐史》第四章"调之进化"，载《王光祈音乐论著选集》，人民音乐出版社2009年版，第329—334页。

表4-2 八十四调

应律十二均	八十四调	燕乐二十八调	七宫十二调	六宫十一调	北曲十二宫调	南曲十三调	南北曲九宫	住声（主音）
黄钟均	黄钟宫	正宫	正宫	正宫	正宫	正宫调	正宫	合
	黄钟商	大食调	大食调	大食调	大食调	大石调	大石调	四
	黄钟角							一
	黄钟变							勾①
	黄钟徵							尺
	黄钟羽	般涉调	般涉调	般涉调	般涉调	般涉调		工
	黄钟闰	大食角						凡
大吕均	大吕宫	高宫	高宫					下四
	大吕商	高大食调						下一
	大吕角							上
	大吕变							尺
	大吕徵							下工
	大吕羽	高般涉						下凡
	大吕闰	高大食角						合
太簇均	太簇宫							四
	太簇商							一
	太簇角							勾
	太簇变							下工
	太簇徵							工
	太簇羽							凡
	太簇闰							下四
夹钟均	夹钟宫	中吕宫	中吕宫	中吕宫	中吕宫	中吕调	中吕	下一
	夹钟商	双调	双调	双调	双调	双调	双调	上
	夹钟角							尺
	夹钟变							工
	夹钟徵							下凡
	夹钟羽	中吕调	中吕调	中吕调				合
	夹钟闰	双角						四

---

① 传统工尺谱还用如下谱字表示一个八度十二个半音中除基本谱字以外的音："勾"指"上""尺"之间的半音；"下/低"指谱字下方半音；"大/高"指谱字上方半音。

（续表）

应律十二均	八十四调	燕乐二十八调	七宫十二调	六宫十一调	北曲十二宫调	南曲十三调	南北曲九宫	住声（主音）
姑洗均	姑洗宫							一
	姑洗商							勾
	姑洗角							下工
	姑洗变							下凡
	姑洗徵							凡
	姑洗羽							下四
	姑洗闰							下一
仲吕均	仲吕宫	道调宫	道调宫	道调宫		道宫调		上
	仲吕商	小食调	小食调	小食调	小石调	小石调		尺
	仲吕角							工
	仲吕变							凡
	仲吕徵							合
	仲吕羽	正平调	正平调					四
	仲吕闰	小食角						一
蕤宾均	蕤宾宫							勾
	蕤宾商							下工
	蕤宾角							下凡
	蕤宾变							合
	蕤宾徵							下四
	蕤宾羽							下一
	蕤宾闰							上
林钟均	林钟宫	南吕宫	南吕宫	南吕宫	南吕宫	南吕宫①	南吕	尺
	林钟商	歇指调	歇指调	歇指调				工
	林钟角							凡
	林钟变							下四
	林钟徵							四
	林钟羽	高平调	高平调	高平调				一
	林钟闰	歇指角						勾

① 《十三调谱》写作"南吕调"，"南吕调"是"高平调"的俗名，《十三调谱》中虽列有"南吕调"和"高平调"，但都与以林钟为宫的羽调式（林钟羽）所指不同。

（续表）

应律十二均	八十四调	燕乐二十八调	七宫十二调	六宫十一调	北曲十二宫调	南曲十三调	南北曲九宫	住声（主音）
夷则均	夷则宫	仙吕宫	仙吕宫	仙吕宫	仙吕宫	仙吕宫	仙吕	下工
	夷则商	林钟商	林钟商	林钟商	商调	商调	商调	下凡
	夷则角							合
	夷则变							四
	夷则徵							下一
	夷则羽	仙吕调	仙吕调	仙吕调				上
	夷则闰	林钟角						尺
南吕均	南吕宫							工
	南吕商							凡
	南吕角							下四
	南吕变							下一
	南吕徵							一
	南吕羽							勾
	南吕闰							下工
无射均	无射宫	黄钟宫	黄钟宫	黄钟宫	黄钟宫	黄钟宫	黄钟	下凡
	无射商	越调	越调	越调	越调	越调	越调	合
	无射角							四
	无射变							一
	无射徵							上
	无射羽	黄钟羽	黄钟羽	黄钟羽		羽调		尺
	无射闰	越角						工
应钟均	应钟宫							凡
	应钟商							下四
	应钟角							下一
	应钟变							上
	应钟徵							勾
	应钟羽							下工
	应钟闰							下凡

二、从《十三调谱》中"互用""出入""亦在"等标注看宫调的嬗变

《十三调谱》中存在着大量与音乐宫调有关的标注。比如在某些宫调下标注"与某宫调互用"或"与某宫调出入"，在某些曲牌下标注"亦在某宫调"等。这

些标注为我们探寻南曲宫调的演变过程提供了有用的线索。

（一）《十三调谱》中的【仙吕】与【羽调】的"互用"是宫调合并过程中的遗存

《十三调谱》在【仙吕】下有注云"与羽调互用"，综观全谱注明"互用"者仅此一处。那么这里的"互用"一词作何解释呢？有学者以为："羽调一名，不见北曲谱使用，南曲谱也只有《音节谱》单列一类。在燕乐二十八调中，属于'羽声七调'的有中吕调、正平调、高平调、仙吕调、黄钟羽、般涉调、高般涉调等，并无羽调之名。……'羽调'可能是羽声七调在逐步淘汰过程中，所剩曲牌汇辑一起而单列的宫调名。"①

此说颇堪商榷。首先，"燕乐二十八调"中虽无【羽调】之名，却有【羽调】之实——据表 4-2 "燕乐二十八调"之【黄钟羽】就是【十三调】中的【羽调】，亦即上文所列"八十四调"无射宫之羽调（无射羽）。由此可知，"羽调"早已存在，自然也不可能是"所剩曲牌汇辑一起而单列的宫调名"。那么，为何到了"十三调"时代【羽调】与【仙吕宫】被特别注明可"互用"呢？其实清人凌廷堪《燕乐考原》中已给出一种解释：

> 歇指调附于双调矣。……般涉调附于中吕宫矣。……中吕调附于中吕宫矣。……高平调附于商调矣。……仙吕调附于双调矣。……黄钟调附于黄钟宫矣。……金院本有【羽调混江龙】，元南曲有【羽调排歌】，此羽调不知于七羽中何属，当是【黄钟羽】也。【混江龙】本【仙吕宫】曲排歌，亦在【仙吕宫八声甘州】之后，然则【黄钟羽】又可附于【仙吕宫】也。②

---

① 周维培：《曲谱研究》，江苏古籍出版社 1999 年版，第 105 页。
② （清）凌廷堪：《燕乐考原》卷六，《丛书集成初编》第 1666 册，商务印书馆 1936 年版，第 177—178 页。

凌廷堪所谓"某宫调附于某宫调"，其实便是指出了宫调在发展中互相合并的过程。他指出在宫调的发展过程中，【歇指调】合并入【双调】，【般涉调】合并入【中吕宫】，【高平调】合并入【商调】，【仙吕调】合并入【双调】，【黄钟调】合并入【黄钟宫】，而【羽调】(【黄钟羽】)的发展趋向是合并入【仙吕宫】。久而久之，到了明代的"九宫"之中便不复有【羽调】一类。这点可以在《南九宫谱》与《新编》中得到印证。比如《南九宫谱》中已将【羽调排歌】列为【仙吕过曲】。而在《新编》目录中虽列有【羽调·大胜乐】，但在正文中【大胜乐】则隶属于【仙吕】之中，并注明"十三调入羽调"。

宫调的合并一定是伴随着实际使用而发生的。以【望吾乡】为例，它在《十三调谱》中归入【羽调】，到了《南九宫谱》《新编》中已被列为【仙吕】；但是在实际使用中仍有例外的情况，比如清乾隆间方成培的《雷峰塔传奇》依旧写作【羽调·望吾乡】①，直到现代的《集成曲谱》中也保留了少数几个【羽调】的曲牌。由此可见，宫调的合并是一个动态的过程，而在《十三调谱》中所保留的这一处【仙吕】与【羽调】的"互用"②，仿佛给这一动态过程留下了一张静止的照片，让今天的我们也能看到南曲在发展过程中某一阶段的情形。③

(二)《十三调谱》中的"出入"既指示了可组成借宫型套曲的曲牌，又指明了可构成集曲的曲牌

《十三调谱》几乎每个宫调下都注明与某些宫调"出入"，具体"出入"情况如下：

---

① （清）方成培：《雷峰塔传奇》第四出，乾隆三十七年（1772）刻本，《续修四库全书》，上海古籍出版社2005年版，集部，1776册，第212页。

② 《新编》目录中列出【羽调】曲牌，而在正文中又将其归入【仙吕】的做法，也是另一种"互用"的表现。

③ 至于【羽调】为何能并入【仙吕】，在乐理上似乎难有周全的解释。因为【羽调】（无射羽）与【仙吕】（夷则宫）既不同均，又属不同调式，故有学者怀疑是古人将【仙吕调】（夷则羽）与【仙吕宫】（夷则宫）相混淆所致；抑或是【羽调】先移调入【仙吕调】再转入【仙吕宫】的结果。参见洪惟助《昆曲宫调与曲牌》，台湾"国家出版社"2010年版，第50页。

仙吕（夷则宫）：出入道宫（仲吕宫）、高平（林钟羽）、南吕（林钟宫）；

商调（夷则商）：出入仙吕（夷则宫）、羽调（无射羽）、黄钟（无射宫）；

正宫调（黄钟宫）：出入大石（黄钟商）、中吕（夹钟宫）；

大石调（黄钟商）：出入正宫（黄钟宫）；

中吕调（夹钟宫）：出入正宫（黄钟宫）、道宫（仲吕宫）；

般涉调（黄钟羽）：出入中吕（夹钟宫）；

道宫调（仲吕宫）：出入南吕（林钟宫）、仙吕（夷则宫）、高平（林钟羽）；

南吕调（林钟宫）：出入道宫（仲吕宫）、仙吕（夷则宫）；

越调（无射商）：出入小石（仲吕商）、高平调（林钟羽）；

小石调（仲吕商）：出入越调（无射商）、双调（夹钟商）；

双调（夹钟商）：出入小石（仲吕商）。

以上括号中标出"八十四调"所对应的调名（参见表4-2）。各调除了【般涉调】与【高平调】以外[①]，绝大多数原调与其所"出入"调之间大抵存在两种转调关系：同均转调、同调式转调——这即是这些宫调可以互相"出入"乐学上的原理。

正因为这些宫调之间存在转调关系，所以在联套时，标明"出入"的曲调之下的一些曲牌可组成借宫型套曲。所谓"借宫"就是"就本调联络数牌后，不用古人旧套，别就他宫覃取数曲（但必须管色相同者），接续成套是也"[②]。

关于这一点已有学者谈道："在曲谱中可以看到某曲牌'出入'他宫调，此曲牌就可以被他宫调借用联套。"[③] 其次，"出入"一词也指明可构成集曲的曲牌。

[①] 《十三调谱》中【高平调】下收的都是集曲，而【般涉调】也仅列出四支曲子，而后的《南九宫谱》已无此二调。

[②] 吴梅：《顾曲麈谈》，上海古籍出版社2000年版，第17页。

[③] 李晓：《昆曲文学概论》，上海文化出版社2014年版，第141页。另参见郑西村《昆曲音乐与填词》（甲稿），台湾学海出版社2000年版，第496页。

关于这一点以往研究似鲜有涉及，下面试将《旧编》中构成集曲的每个曲牌所在的宫调与《十三调谱》标明"出入"的宫调作一比较，以助申说此义（见表4-3）。

表4-3 《旧编》构成集曲的曲牌所在宫调与《十三调谱》标明"出入"的宫调对比

集曲曲牌所属宫调以及它所出入的宫调	集曲曲牌以及构成它的曲牌所属宫调
仙吕与羽调互用，出入道宫、高平、南吕，俱无词	桂花遍南 桂枝香头（仙吕/羽调）、锁南枝尾（双调）
	金犯令 四块金（仙吕入双调）、淘金令（仙吕入双调/双调）、絮婆婆（仙吕入双调）、江儿水（双调）
商调与仙吕、羽调、黄钟皆出入	六么梧桐 六么令头（仙吕）、梧叶儿尾（商调）
	金水梧桐花皂罗 江儿水（双调）、水红花（商调）、皂罗袍（仙吕/羽调）
	莺集御柳春 莺啼序（商调）、集贤宾（商调）、簇御林（商调）、春三柳（？）
正宫调与大石、中吕出入	锦庭乐 锦缠道头（中吕/正宫）、满庭芳中（中吕）、普天乐尾（中吕/正宫）
	锦庭芳 锦缠道头（正宫/中吕）、满庭芳尾（中吕）
	雁鱼锦 雁过声（正宫）、二犯渔家傲（正宫）、锦缠道（中吕/正宫）、二犯渔家灯（正宫）、喜渔灯（中吕）
	雁来红 前雁过声（正宫）、后红娘子（？）
	雁过灯 前雁过声（正宫）、后渔家灯（中吕）

(续表)

集曲曲牌所属宫调以及它所出入的宫调	集曲曲牌以及构成它的曲牌所属宫调
南吕调与道宫、仙吕出入	女临江 女冠子头（黄钟/南吕/般涉/道宫）、临江仙尾（南吕/仙吕）
	锁窗郎 锁窗寒头（？）、阮郎归尾（南吕）
	三换头 五韵美（越调/双调）、腊梅花（仙吕）、梧叶儿（商调）
	五样锦 腊梅花（？）、香罗带（？）、刮古令、梧叶儿、好姐姐（仙吕入双调/双调）
	罗带儿 香罗带头（？）、梧叶儿尾（？）
	香风俏脸儿 即二犯香罗带
	绣带宜 春令十样锦过白练序转调黄钟
	太平白练序 醉太平头（？）、白练序尾（？）
	浣溪啄木儿 浣溪沙头（南吕）、啄木儿尾（？）
	三段鲍老催 三段子头（黄钟）、鲍老催尾（黄钟）
	出队莺乱啼 出队子头（黄钟）、莺乱啼尾（？）
	八宝妆 罗江窗、梧桐树、香罗带（南吕）、皂罗袍（仙吕）、五更转（南吕）、东瓯令（南吕）、懒画眉（南吕）、梁州序（南吕）

(续表)

集曲曲牌所属宫调以及它所出入的宫调	集曲曲牌以及构成它的曲牌所属宫调
南吕调与道宫、仙吕出入	罗江怨 香罗带（南吕）、一江风（南吕）
	金络索 金梧桐（商调）、东瓯令（南吕）、针线箱儿（仙吕/南吕/道宫调）、解三酲（仙吕/道宫调）、画眉序（黄钟/南吕）、寄生草（仙吕）
越调与小石调、高平调出入	霜蕉叶 霜天晓角（越调）、金蕉叶（越调）
	山桃红 下山虎头（越调）、小桃红尾（越调）
	忆花儿 忆多娇头（越调）、梨花儿尾（越调）
	蛮牌嵌宝蟾 蛮牌令头（越调）、斗宝蟾尾（越调/小石调）
双调中有夹钟宫俗调，与小石出入	珍珠马 珍珠帘头（双调）、风马儿尾（商调、越调、羽调）
	船入荷花莲 夜行船头（双调/越调/小石调）、花心动尾（双调/小石调）
	孝南枝 孝顺歌头（双调）、锁南枝尾（双调）
	沙雁拣南枝 雁过沙头（仙吕入双调/越调）、锁南枝尾（双调）

通过观察可以发现《旧编》中构成集曲的每个曲牌所在的宫调与《十三调谱》所属宫调及"出入"的宫调有着较高的一致性。比如，《旧编》【商调·六幺梧桐】由【六幺令】头与【梧叶儿】尾组成，其中【六幺令】属于【仙吕】，【梧叶儿】属于【商调】。相应地在《十三调谱》【商调】后则明确注明了"与仙吕、羽调、黄钟皆出入"。

又如，《旧编》【南吕·女临江】由【女冠子】头与【临江仙】尾组成，其中【女冠子】属于【道宫】（或【黄钟】【南吕】【般涉】），【临江仙】属于【南吕】（或

【仙吕】)。相应地在《十三调谱》【南吕调】后注明了"与道宫、仙吕出入"。

我们可以进一步发问：为什么互相"出入"的宫调之间能组成集曲呢？这乃是因为"(这些宫调)不是同调式、同均，就是同住声"[①]。

以【商调·六么梧桐】为例，组成这一集曲的两支曲牌来自【仙吕】与【商调】。这两个宫调在"八十四调"中同属【夷则均】，两者同均，故而可构成集曲。而组成【南吕·女临江】这一集曲的两支曲牌来自【道宫】与【南吕】，分别属于【中吕均】之宫调式、【林钟均】之宫调式，两者调式相同，故而也能构成集曲。[②]

由此可知，《十三调谱》中的"出入"不仅指曲牌间可以组成借宫型套曲，也指明了哪些宫调的曲牌可与其"出入"的宫调下的曲牌组成集曲。"出入"一词的这一层含义，在《十三调谱》中还能找到一个内证——《十三调谱》【高平调】集合了各宫调的集曲[③]，在【高平调】下面的注文中提到"与诸调皆可出入。其调曲名皆就引各调曲名合入"，恰恰使用的就是"出入"一词。

(三)《十三调谱》中的"亦在"指出了曲牌演变的方向

《十三调谱》中有一些曲牌标注了"亦在某宫调"。下面我们将这些曲牌列出，并相应地列出它们在《旧编》中所属的宫调。这样大抵能看出自元至明曲牌所属宫调的变化过程(见表4-4)。

表4-4 《十三调谱》"亦在某宫调"曲牌与北曲文献中各曲调出入不同宫调对比

十三调谱·仙吕 与羽调互用，出入道宫、高平、南吕，俱无词	该曲牌在《旧编》中所属宫调
转山子 亦在南吕	南吕
大胜乐慢 亦在南吕、道宫	南吕(大胜乐)

[①] 洪惟助：《昆曲宫调与曲牌》，台湾"国家出版社"2010年版，第60页。
[②] 即便将【临江仙】视为【仙吕】下的曲牌，【仙吕宫】与【道宫】亦属于同一调式。
[③] 详见本节第三点"【高平调】之下曲牌用作【赚】"。

（续表）

十三调谱·仙吕 与羽调互用，出入道宫、高平、南吕，俱无词	该曲牌在《旧编》中所属宫调
临江仙 亦在南吕	南吕
疏帘淡月 即桂枝香，亦在羽调	
八声甘州 亦在道宫	仙吕
天下乐 亦在中吕	仙吕
胜葫芦 即大河蟹，亦在羽	仙吕（胜葫芦犯）
醉扶归 亦在羽	仙吕
美中美 亦在越、小石	仙吕
针线箱 亦在南吕、道宫	
大胜乐 亦在南吕、道宫	南吕
解三酲 亦在南吕、道宫	
人月圆 亦在南吕	大石调
拗芝麻 亦在道宫	仙吕

十三调谱·羽调	该曲牌在《旧编》中所属宫调
桂枝香 即疏帘淡月，亦在仙吕	仙吕
小蓬莱 亦在仙吕	仙吕
樱桃花 亦在双调	
大迓鼓 即村里迓鼓，亦在仙吕	南吕
醉扶归 亦在仙吕	仙吕
胜葫芦 即大河蟹，亦在仙吕	仙吕（胜葫芦犯）
玉胞肚 亦在双调	仙吕入双调
耍鲍老 即永团圆，亦在黄钟	黄钟

十三调谱·黄钟 与商调、羽调出入	该曲牌在《旧编》中所属宫调
喜迁莺 亦在南吕	正宫
生查子 亦在双调	南吕
出队子 在大石，正宫谓之风淘沙。俱字同句同音调不同	黄钟
刮地风 在正宫，中吕谓之绿襕鞡，惟商调及此名刮地风出入	黄钟

（续表）

十三调谱·黄钟 与商调、羽调出入	该曲牌在《旧编》中所属宫调
鲍老催 亦在仙吕	黄钟
太平令 亦在道宫	
耍鲍老一名 永团圆，亦在羽	黄钟

十三调谱·商调 与仙吕、羽调、黄钟皆出入	该曲牌在《旧编》中所属宫调
斗双鸡 即滴溜子，亦在黄钟	
刮地风 亦在黄钟	
金字令 即淘金令，亦在双调	仙吕入双调（摊破金字令）

十三调谱·正宫调 与大石、中吕出入	该曲牌在《旧编》中所属宫调
满堂春 亦在大石	
催拍 亦在大石	大石调
渔家傲 亦在中吕	中吕
朱奴儿 亦在中吕	正宫
梁州第七 亦在南吕、道宫、中吕，又名梁州小序，与小梁州不同	南吕（梁州小序）
四边静 亦在中吕。此曲自大石调来，故音高。刮地风同，而腔调则不同也	
福马郎 亦在大石，本在中吕	
地锦花 亦在中吕	
麻婆子 亦在中吕	

十三调谱·大石调 与正宫出入	该曲牌在《旧编》中所属宫调
满堂春 亦在正宫	
催拍 亦在正宫	大石调
风淘沙 亦在正宫	

十三调谱·中吕调 与正宫、道宫出入	该曲牌在《旧编》中所属宫调
天下乐 亦在仙吕	仙吕
红绣鞋 即朱履曲，亦在双调，名羊头靴	中吕
鲍老催 亦在黄钟	黄钟

第四章 蒋孝及其曲谱 在曲学史上的意义与影响

（续表）

十三调谱·中吕调 与正宫、道宫出入	该曲牌在《旧编》中所属宫调
梁州大序 即梁州第七，亦在正宫、南吕、道宫	南吕（梁州小序）
锦缠道 亦出入正宫	正宫
福马郎 亦在正宫、大石	正宫
朱奴儿 亦在正宫	正宫
四边静 亦在正宫	中吕
麻婆子 亦在正宫	中吕
绿襕踼 亦在正宫 渔家傲 亦在正宫	
	中吕

十三调谱·道宫调 与南吕、仙吕、高平出入	该曲牌在《旧编》中所属宫调
大胜乐 亦在南吕	南吕
八声甘州 亦在仙吕	仙吕
太平令 亦在黄钟	
大胜乐近 亦在仙吕、南吕	南吕（大胜乐）
针线箱 亦在仙吕、南吕	
解三酲 亦在仙吕、南吕	仙吕
梁州第七 即梁州小序，亦在正宫、南吕、中吕	南吕（梁州小序）

十三调谱·南吕调 与道宫、仙吕出入	该曲牌在《旧编》中所属宫调
临江仙 亦在仙吕	南吕
喜迁莺 亦在黄钟	正宫
大胜乐慢 亦在道宫	南吕（大胜乐）
恋芳春 亦在道宫	南吕
转山子 亦在仙吕	南吕
金莲子慢 亦在羽调	南吕（金莲子）
行香子 亦在双调	中吕
梁州第七 即梁州小序，与小梁州不同，亦在正宫、仙吕、道宫	南吕（梁州小序）
浪淘沙 亦在羽调	越调
香柳娘 亦在双调	南吕

(续表)

十三调谱·南吕调 与道宫、仙吕出入	该曲牌在《旧编》中所属宫调
针线箱 亦在道宫、仙吕	
解三酲 亦在道宫、仙吕	仙吕

十三调谱·越调 与小石调、高平调出入	该曲牌在《旧编》中所属宫调
玉箫令 即玉箫，亦在双调	

十三调谱·小石调 与越调、双调出入	该曲牌在《旧编》中所属宫调
夜行船 亦在双调、越调	双调
风入松慢 亦在双调	双调（风入松）
风入松近 亦在双调	双调（风入松）
祝英台近 亦在越调	越调（祝英台）
锦衣香 即琴音美，亦在双调	仙吕入双调
浆水令 亦在双调	仙吕入双调
梅花酒 亦在双调	

十三调谱·双调 中有夹钟宫俗调，与小石出入	该曲牌在《旧编》中所属宫调
夜行船 本在小石	双调
风入松慢 亦在小石，本夹钟宫	双调（风入松）
生查子 亦在黄钟	南吕
行香子 亦在南吕	中吕
风入松近 亦在小石、夹钟宫	双调（风入松）
碧玉箫 亦在越调	
梅花酒 亦在小石	
水仙子 亦在黄钟	黄钟
莺桃花 亦在羽调	
香柳娘 亦在南吕	南吕

通过观察上述表格，我们可以发现《十三调谱》中标明"亦在"的曲牌到了《旧编》里全都归入一个宫调中，不再同时隶属于某几个宫调。这些曲牌中的大多数不是归入原来所在的宫调，就是归入"亦入"的宫调内。比如《十三调谱》【仙吕·转山子】(亦在南吕)归入了《旧编》【南吕】，《十三调谱》【仙吕·天下

乐】(亦在中吕）归入《旧编》【仙吕】等。这些标明"亦在"的曲牌实际上向我们提示了在元明间曲牌所隶属的宫调的演变方向。

三、【高平调】之下曲牌用作【赚】

《十三调南曲音节谱》的【高平调】是一个比较特殊的宫调，其下未录曲牌，仅写了一段注文：

> 与诸调皆可出入。其调曲名皆就引各调曲名合入，不再录出。其六摄十一则，皆与诸调同。用赚，以取引曲为血脉而用也。其"过割搭头"圆混，自有妙处。试观"画眉人远""梦回风透围屏"二套可见。

同样在《九宫正始》【高平调】下也有一段类似的文字，并录出了其引子与过曲中若干曲牌，全文如下：

> 高平调者，与各宫诸调皆可出入。其调曲名皆就引各调曲名合入。出其六摄十一则，皆与诸调同。用诸赚，以取引曲为血脉而用也。其"过割搭头"圆混，自有妙处。试观"画眉人远"与"梦回风透围屏"二套可见。"画眉人远"是引子，其名【女子登阳台】，其过曲"无意理云鬟"。"梦回风透围屏"是引子，其名【三台令】，其过曲"霍索起披襟"。
>
> 引子　玉女卷珠帘、珠帘遮玉女
>
> 过曲　锦腰儿、五样锦、五团花叁体、十样锦、十二时、十二红、巫山十二峰

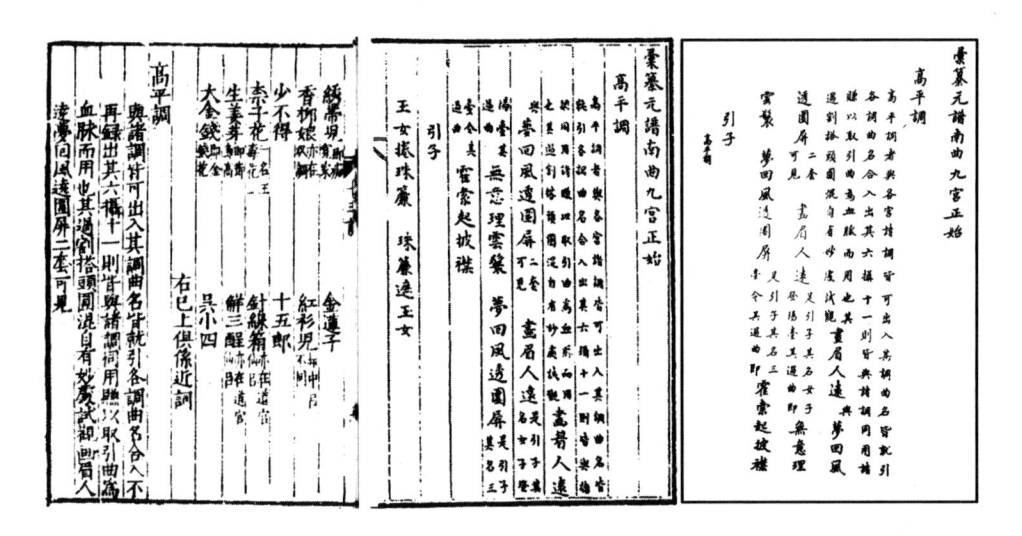

图 4-1 蒋孝三径草堂刻本《旧编南九宫谱》附《十三调谱》之【高平调】（左）；清顺治辛卯精钞本《九宫正始》之【高平调】（中）；清乾隆二十八年（1763）廷爵钞本《九宫正始》【高平调】（右）

综合两段文字，可以对《十三调谱》中【高平调】作一分析：

第一，《十三调谱》"用赚，以取引曲为血脉而用也"这句话在《九宫正始》中写作"用诸赚，以取引曲为血脉而用也"。"用诸赚"的表达更为明确，即【高平调】的曲牌可以当作【赚】来使用。

第二，"其调曲名皆就引各调曲名合入"一句，意味着【高平调】的曲牌皆是集曲，这一点也可从《九宫正始》所录曲牌上得以印证。①

第三，"画眉人远"与"梦回风透围屏"两支曲子暂无从查索，然而《九宫正始》的注文却给出了相关的线索。"无意理云鬟"作为"画眉人远"（【女子登阳台】）的过曲，现可在《群音类选》《南音三籁》《词林逸响》中看到。而"霍索起披襟"作为"梦回风透围屏"（【三台令】）的过曲，被收录于《新编南九宫词》《群音类选》《词林逸响》中。

---

① 《十三调谱》所谓"不再录出"大抵就是因为此调下曲牌皆是集曲。

兹根据《新编南九宫词》所录"霍索起披襟"一套加上引子，排比如次①：

【三台令】【画眉画锦】②【画锦画眉】【簇林莺】【黄莺儿】【螃蟹令】【一封书犯】【马鞍儿】【皂罗袍】【梧叶儿】【水红花】【尾声】

其中【画眉画锦】与【画锦画眉】一望便知是集曲，且属于【高平调】。

第四，"用（诸）赚，以取引曲为血脉而用也。其'过割搭头'圆混，自有妙处"的意思可参考《曲律·论过搭第二十二》："古每宫调皆有【赚】，取作过度而用，缘慢词（即引子）止着底板，骤接过曲，血脉不贯。故【赚】曲前段皆是底板，至末二句始下实板。戏曲中已间宾白，故多不用。"③

【画眉画锦】这一曲牌现存于《九宫大成》中，板式为加赠一板三眼。可知【高平调】的曲牌是以赠板的方式来起到"过割搭头"的作用的，这虽然与【赚】曲前段只着底板的方式不同，但是它们都可以产生舒缓节奏的效果，从而达到过渡的目的（参见图4-2、谱例4-1，《九宫大成》中以 ⌐ 和 ⌐ 表示赠板符号④。）《螾庐曲谈》卷二第三章《论套数体式》云："南曲有慢曲急曲之别，慢曲必在前，急曲必在后。"此处【画眉画锦】有赠板属慢曲，符合南曲慢曲在前的联套规则。

---

① 《新编南九宫词》不录引子，径从【画眉画锦】起，题下注"燕参政词，入高平调"。
② 【画眉画锦】后接【画锦画眉】似是常格，如《新编南九宫词》【黄钟宫】下另收有【画眉画锦】【又】【画锦画眉】【神仗儿】【滴溜子】【鲍老催】【又】【双声子】【尾声】一套。
③ （明）王骥德著，陈多、叶长海注释：《曲律注释》，上海古籍出版社2012年版，第176页。
④ 称之为衬头板、衬腰板。

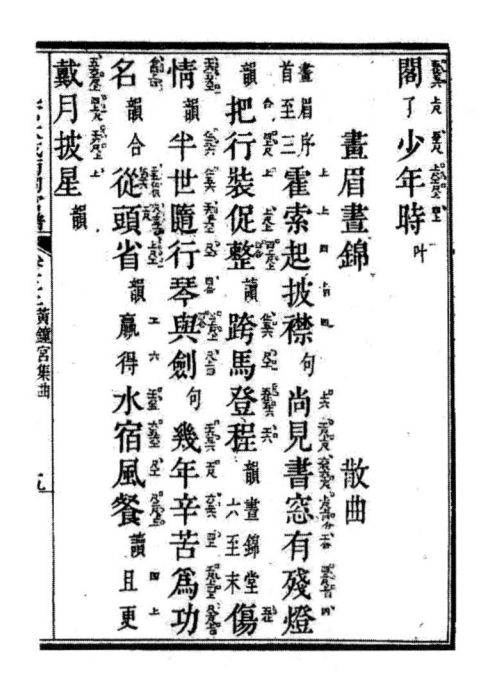

图 4-2 《九宫大成》卷七十二黄钟宫集曲【画眉画锦】①

谱例 4-1 《九宫大成》所收【画眉画锦】②

---

① 《九宫大成南北词宫谱》卷七十二，载王桂秋主编《善本戏曲丛刊》第六辑第 3 册，台湾学生书局 1987 年影印本，第 6123 页。
② 谱例据刘崇德校译《新定九宫大成南北词宫谱校译》卷七十二，天津古籍出版社 1998 年版，第 4460—4461 页。

（书锦堂六至末）

综上所述，【高平调】的曲牌皆是"各调曲名合入"的集曲，节奏舒缓。它在套曲中可以代替【赚】来使用，接在引子之后，在音乐上起到过渡的作用，从而使得整个套曲血脉通贯。

附：从【高平调】看《九宫正始》所据之"元谱"系伪托

清人冯旭在《南曲九宫正始序》中声言钮少雅、徐于室得到了元人《九宫十三调谱》，以此为基础编出《九宫正始》。综观《九宫正始》全书，《九宫》在前，《十三调》在后，两者相合仿佛便是《九宫十三调谱》[1]。今人黄仕忠《〈九宫十三调曲谱〉考》[2]一文对此已有辨证，以为并无"元人"《九宫十三调词谱》，《九宫正始》将其称为"元谱"乃是伪托。

进一步说，如果不存在所谓"元谱"，那么《九宫正始》的编纂基础很有可能就是《旧编》与《沈谱》。《九宫正始》中常常出现"《蒋谱》如何""《沈谱》如何"等句子。徐、钮二人在书中引用蒋、沈二谱，主要是对其进行批驳和修正，同时也矜侉自己曲学思想之高妙，所据材料之高古。不过这也从侧面说明，徐、钮二人在编纂《九宫正始》时必定是一手捧着《蒋谱》，一手捧着《沈谱》，作为参考。

《九宫正始》与《旧编》之渊源关系，还可以从《九宫正始·十三调》之【高平调】抄错《旧编·十三调谱》之【高平调】的一段话中看出来。（原文见前）

《九宫正始》中"其调曲名皆就引各调曲名合入。出其六摄十一则，皆与诸调同"一句语义欠通，对比《十三调谱》相应文字，知其删去了"不再录"三字。当是由于《九宫正始》下文中还写出了【高平调】引子与过曲中的若干曲牌，自然不能说"不再录出"了。同时《十三调谱》原文中"不再录出其六摄十一则皆与诸调同"中"出"字当属上读，而钮、徐二氏误以为其字属下读，故未

---

[1] 在《九宫正始》所谓的"元谱"时代，"宫"与"调"已经失去统属关系，而成为同一层次的概念。比如《中原音韵》所谓的"十二宫调"实际是由5种宫调式、5种商调式、1种羽调式、1种角调式组成的。

[2] 黄仕忠：《〈九宫十三调曲谱〉考》，《中华戏曲》第21辑，山西古籍出版社1998年版，第387—399页。

删去，变成了"出其六摄十一则"。

仔细想来，造成这种错误的原因，似乎只可能有一种，即《九宫正始》中的这段文字就是抄自蒋孝所刊《十三调谱》，而"'画眉人远'是引子"之后若干内容当是钮少雅、徐于室凭借自己的曲学知识所增补的。

《旧编》是《沈谱》的"祖本"，这是沈璟自己承认的。而在《九宫正始》中，徐、钮二人却不断营造其书是参考了"元谱"《九宫十三调谱》的假象。正如黄仕忠文中所说："徐、钮二人旨在使人相信，蒋氏既可以得到古谱，徐氏'遍访海内遗书'，也同样可能得到'古谱'，而且他们所得的是'元人曲谱'，其中已注有曲文，比之蒋谱的有目无词，更是高出一筹。同时故意将'元谱'搞得与陈氏、白氏二谱有所不同，以掩盖袭自蒋谱所引陈氏白氏之谱的真相。"[①] 然而，百密总有一疏，通过对【高平调】下两段文字的比勘，也能为所谓"元谱"乃是臆造的这一结论以及《九宫正始》与《旧编》之间的关系提供更多证据。

第三节 "六摄十一则"释义

列于《十三调谱》卷首的"六摄十一则"其涵义向来晦涩难辨，学界虽有数种猜测，但仍无法确定其确切的所指与功用。本节全面挖掘《十三调谱》中的线索，并结合历代曲牌遗存，就这些问题提出了全新的解释。

一、"六摄十一则"研究史概述

"六摄十一则"出自《十三调谱》【仙吕】下的一段文字（图4-3）：

[①] 黄仕忠：《〈九宫十三调曲谱〉考》，《中华戏曲》第21辑，山西古籍出版社1998年版，第398页。

赚犯、摊破、二犯、三犯、四犯、五犯、六犯、七犯、赚、道和、傍拍。右已上十一则系六摄,每调皆有因。

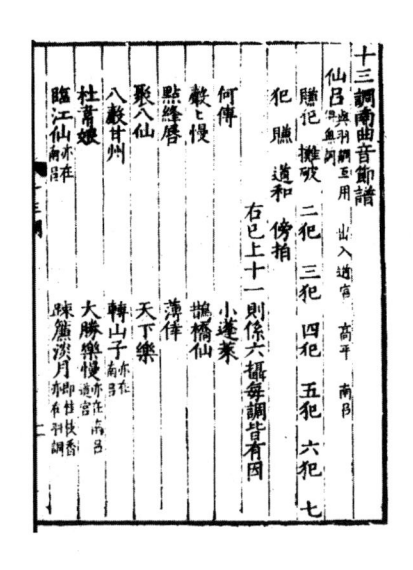

图4-3 《十三调南曲音节谱》【仙吕】下"六摄十一则"

"六摄十一则"究竟所指为何,《十三调谱》未有说明,王骥德曾说:

> 其法今尽不传,无可考索,盖正括所谓"犯声"以下诸法。然此所谓【犯】,皆以声言,非如今以此调犯他调之谓也。[1]

可见至迟在明中晚期,"六摄十一则"涵义已不为人所知。到了现代,青木正儿论及"六摄"也不过蜻蜓点水:

---

[1] （明）王骥德著,陈多、叶长海注释：《曲律注释》,上海古籍出版社2012年版,第34页。清代钮少雅也只能臆解："六摄者,疑二犯至七犯,共六项也。云'有因'者,如中吕'赚犯'因【太平令】,如正宫'摊破'因【雁过声】,如仙吕'道和'因【拍歌】,如中吕'傍拍'因【茶蘼香】也。不知是否?"

似以二犯至七犯统视为一摄，其他每则各为一摄，而算成六摄者。①

但是对于曲学研究来说，"六摄十一则"终究是一个无法绕过去的问题。今人周维培在《曲谱研究》中对此问题虽有涉及，但所谈也较为笼统：

> 所谓"摄"，笔者以为实是有关曲调合成、变异、增减的特殊方法与规则。……钮少雅所说的每调皆"有因"，是指每宫调内皆有这六种新调生成的方法与规则。②

当今学人中对此问题关注较多者有陈多、叶长海两位先生的《曲律注释》及郑西村先生的《昆曲音乐与填词·乙稿》，兹分别概述如次。

《曲律注释》：

> "摄"，古代韵书或韵图有时把各个发音相近的"韵"汇总起来归于一个"摄"（如元刘鉴撰作的韵图《切韵指南》把韵书中各个韵部归纳为十六个韵摄）。《十三调谱》借用这个名称，把曲牌音乐变化手法相近的归于一个"摄"，"十一则"旧归于"六摄"。"赚犯"，南曲中的【赚】曲大都在套曲中作为"移宫换调"的过渡曲牌，所以称之为"赚犯"。"摊犯"，或称"摊破""摊声"，原为唐宋曲子词乐曲的扩展手法。"二犯"至"七犯"，指一个曲调"犯调"二次至七次等不同手法。"赚"，效法宋代说唱艺术"唱赚"的音乐手法；南宋耐得翁《都城纪胜》："凡赚最难，以其兼慢曲、曲破、大曲、嘌唱、耍令、蕃曲、叫声诸家腔谱也。""道和"，越调过曲有【道和】，《沈谱》注说："即中吕之【合生】。"合生原为唐宋时伎艺，其特

---

① 〔日〕青木正儿：《中国近世戏曲史》，王古鲁译著，中华书局 2010 年版，第 404 页。
② 周维培：《曲谱研究》，江苏古籍出版社 1999 年版，第 105 页。

点为即席题咏、歌舞,故"道和"或指即兴发挥的音乐方式。"傍拍",或指沈括《梦溪笔谈》所言的"傍字""傍犯"等音乐变化手法一致。[1]

《昆曲音乐与填词·乙稿》:

（1）赚、赚犯

【赚】在初期南曲时代有着广泛的运用,从《十三调谱》中可以看出每个宫调下都有【赚曲】,且绝大多数都有相应的同牌名过曲,可知初期南曲各宫调都有由一只过曲扩展而成的【赚曲】。而到了昆曲里,【赚曲】则发展为一种散唱形式的歌曲,结束部分才点定板,在套数中用作过曲之间承上启下之调。

【赚犯】则是用赚犯制成的曲,称作【赚犯】的曲调在各词谱中皆未列出,唯《九宫正始》【般涉调】中有【太平赚犯】(注云:"章句亦是【中吕调·太平令】")。

（2）摊破

摊破之法早在南北曲之前已在词牌音乐中有广泛运用。摊破即保持原曲牌曲调腔格与曲词格律不变的范畴内,于摊破部分增加字句或减少字句而成。

（3）二犯、三犯、四犯、五犯、六犯、七犯即犯调、集曲之法。[2]

除此之外,近来又有学者开始关注这一问题。毋丹《古代曲论与曲谱中"摄""则"新辨》[3]未具体解释"六摄",而是为"摄""则"给出了新的解释:

---

[1] （明）王骥德著,陈多、叶长海注释:《曲律注释》,上海古籍出版社2012年版,第42页。
[2] 郑西村:《昆曲音乐与填词》乙稿,台湾学海出版社2000年版,第205—307页。
[3] 毋丹:《古代曲论与曲谱中"摄""则"新辨》,《戏曲艺术》2020年第4期。

(1)"摄"即是"律吕","六摄"即是"六律"(六律又等于十二律);(2)"十一则"对应八度内十一个半音。①

二、"六摄十一则"研究的目标与方法

本书认为要弄清"六摄十一则"的涵义、作用与渊源,不能脱离这一概念之整体。

首先,我们再看一下"六摄十一则"是如何被提出的。《十三调谱》【仙吕】下有云:

> 赚犯、摊破、二犯、三犯、四犯、五犯、六犯、七犯、赚、道和、傍拍。右已上十一则系六摄,每调皆有因。

虽然正如上文所述,"六摄十一则"所指为何早在明代人们就已懵然不清,通过仔细考察,我们可以发现如下事实:首先,在《十三调谱》中尚能找到与之相应的曲牌,其次,这些曲牌在历代剧作中也存有相当数量的用例。这提示我们:第一,"六摄十一则"断非空想的产物,造词者必有所依据;第二,将"六摄十一则"置于《十三调谱》整体之中,并结合具体曲牌遗存,通过比较考索,庶可得其崖略。

基于上述认识,下文将围绕四个问题开展研究:(1)"六摄"(赚犯、摊破、二犯至七犯、赚、道和、傍拍)的涵义;(2)"六摄十一则"的作用;(3)"六摄十一则"提出的时代;(4)"摄"字的来源。

---

① 本人认为毋文的判断存在一定的问题,参见陈浩波《"六摄十一则"新探》,《戏曲艺术》2023年第4期。

三、"摊破"与"二犯至七犯"释义

"摊破"与"二犯至七犯"均为犯调，一般认为犯调有犯宫与犯曲二义。① 此处"摊破"当为犯曲式犯调，即从曲文角度看，"摊破"是在原曲基础上加入若干字句，从而组成新的曲调。

通过考察早期南曲，便会发现其中带有"犯"字的曲调"无一例外都进行了音乐宫调上的变化"②。考虑到《十三调南曲音节谱》的成谱时间③与早期南戏相合，此处的"二犯至七犯"亦当意味着宫调的变化，即犯宫式犯调。

因此，"摊破"与"二犯至七犯"实为两种不同的犯调。④ "摊破"为在曲词上发生变化的犯曲式犯调，"二犯至七犯"为在音乐宫调上发生变化的犯宫式犯调。

四、"赚"与"赚犯"释义

王骥德《曲律·论过搭第二十二》："古每宫调皆有【赚】，取作过度而用，缘慢词即引子止着底板，骤接过曲，血脉不贯。故【赚】曲前段皆是底板，至末

---

① 参见齐森华、陈多、叶长海主编《中国曲学大辞典》，浙江教育出版社 1997 年版，第 700 页。历代持"犯有二义"观点者众多，如清代万树，近人任讷、周贻白、吴熊和、夏承焘等。参见刘芳《南曲中的"犯调"及其与"集曲"的差异》，载叶长海主编《曲学》第 7 卷，上海古籍出版社 2020 年版，第 147 页。

② 刘芳：《南曲中的"犯调"及其与"集曲"的差异》，载叶长海主编《曲学》第 7 卷，上海古籍出版社 2020 年版，第 156 页。

③ 本书认为《十三调南曲音节谱》成谱于元代。

④ 李渔也曾将"摊破"与"犯"视为一类，惜乎未作犯曲与犯宫之区分："曲谱无新，曲牌名有新……以二曲、三曲合为一曲……如本曲【江儿水】而串入二别曲，则曰【二犯江儿水】，本曲【集贤宾】而串入三别曲，则曰【三犯集贤宾】。又有以'摊破'二字概之者，如本曲【簇御林】、本曲【锦地花】，而串入别曲，则曰【摊破簇御林】【摊破锦地花】之类。"（清）李渔：《闲情偶寄》卷之三，载中国戏曲研究院编《中国古典戏曲论著集成》（七），中国戏剧出版社 1959 年版，第 39 页。

二句始下实板。"①此说又可与《十三调南曲音节谱》【高平调】下注文"用赚,以取引曲为血脉而用也"②相呼应。这说明在明代嘉靖万历时,人们认为赚曲主要是用于连接引子与过曲,起着过渡的作用。

又据《南词新谱》【仙吕·不是路】词末注云:"赚曲,俗名【不是路】。旧用以参'引'、'曲'之间,今则为'过曲'中承上启下之调。查各宫调俱有【赚】,句法每有不同,大抵通用此曲为便耳。"③可知,到了明末,人们对赚曲的认识渐有变化,不再强调连接引子与过曲,而是认为赚曲在过曲之间起着连接的作用。

我们可进一步观察目前可见的宋元南戏中【赚】的使用情况:

《琵琶记》第三十六出:【鹊桥仙】—【解三酲】—【前腔】—【太师引】—【前腔】—【夜游湖】—【铧锹儿】—【前腔】—【前腔】—【前腔】—【赚】—【前腔换头】—【山桃红】—【前腔】—【前腔】—【前腔】—【尾声】。④

《张协状元》第十四出:【薄媚令】—【红衫儿】—【同前换头】—【同前换头】—【同前换头】—【赚】—【同前】—【金莲子】—【同前换头】—【醉太平】—【尾声】。⑤

《小孙屠》第十出:【转山子】—【挂真儿】—【同前】—【柰子花】—【同前】—【赚】—【红芍药】—【同前换头】—【梧桐儿】—【同前】—【同前】—【淘金令】—【同前】。⑥

可知,无须等到明末,在宋元的曲学实践中,赚曲已被用于过曲曲牌之间的

---

① (明)王骥德著,陈多、叶长海注释:《曲律注释》,上海古籍出版社2012年版,第176页。
② 关于这条注文应是蒋孝所写,理由见下文。
③ (明)沈自晋编:《南词新谱》,载王秋桂主编《善本戏曲丛刊》第三辑,台湾学生书局1984年影印本,第195页。
④ 据钱南扬校注《元本琵琶记校注·南柯梦记校注》,中华书局2009年版,第205—209页。
⑤ 据钱南扬校注《永乐大典戏文三种校注》,中华书局2009年版,第76—78页。
⑥ 据钱南扬校注《永乐大典戏文三种校注》,中华书局2009年版,第294—297页。

连接。不过，也不能因此而否定王骥德等人关于【赚】连接引子与过曲的看法。观察《十三调南曲音节谱》的体例，我们可以发现其曲牌排布逻辑恰反映了"连接引子与过曲"的观念。因为，谱中每个宫调在"慢词"（引子）之后所接"近词"（过曲）的首支曲牌均为【赚】。这种曲牌排布方式提示我们，赚曲的使用可能确实存在这样一个早期阶段：赚曲只用于连接引子与过曲。

《十三调南曲音节谱》所列出的这些【赚】下面均用小注的方式标明了各调的专名，如【仙吕·赚】名为"【惜花赚】，与【婆罗门薄媚赚】同"。【黄钟·赚】名为"【连枝赚】"等。

表4-5　兹据《十三调南曲音节谱》录出各宫调下赚曲及其本调

宫调	该宫调下赚曲名	对应的原曲名
仙吕	惜花赚（原注："与婆罗门、薄媚赚同"）	羽调·惜黄花
羽调	本调赚	
黄钟	连枝赚	黄钟·连理枝
商调	二郎赚	商调·二郎神
正宫	倾杯赚	正宫·倾杯序
大石调	太平赚	黄钟·太平令 中吕·太平令 道宫调·太平令
中吕调	鼓板赚	中吕调·番鼓儿
般涉调	煞赚（原注："即太平赚"）	黄钟·太平令 中吕·太平令 道宫调·太平令
道宫调	渔儿赚	道宫调·鱼儿耍
南吕调	婆罗门赚、薄媚赚	南吕调·薄媚令
越调	竹马儿赚	越调·竹马儿
小石调	莲花赚	小石调·赏佛莲
双调	海棠赚	双调·海棠令

根据表4-5我们可作进一步分析：

其一，【仙吕】(【羽调】)【黄钟】【商调】【正宫】【中吕】【道宫调】【南吕调】【越调】【小石调】【双调】下赚曲与相应的原曲都属于同一宫调，可知这些宫调下赚曲乃直接取本宫调中曲牌制成，如【仙吕】就本宫【惜黄花】制【惜花赚】，【黄钟】就本宫【连理枝】制【连枝赚】，【商调】就本宫【二郎神】制【二郎赚】等。这种就本宫曲调制【赚】的方式大抵类似《碧鸡漫志》卷三所云："凡大曲就本宫调制引、序、慢、近、令。"①

其二，【大石调】【般涉调】下录有赚曲【太平赚】(【煞赚】)，虽在本宫调内无与之相应的原曲，但在【黄钟】【中吕】【道宫调】中则有【太平令】一调。据《十三调南曲音节谱》【般涉调】下注"与【中吕】出入"，说明【中吕】套曲可犯入【般涉调】。恰在南戏《子母冤家》中还存有【中吕】犯入【般涉调】的用例：【中吕引子】【四元春】—【中吕过曲】【泣颜回】—【前腔换头】—【千秋岁】—【红绣鞋】—【般涉近词·太平赚犯】—【前腔】—【尚如缕煞】。② 可见，《子母冤家》这支套曲中的【般涉近词·太平赚犯】即是【般涉调·太平赚】。之所以加上"犯"字，乃是因为该支套曲从【中吕】犯入了【般涉调】。

综上可以推知，宋元时存在两种制赚曲的方式：一种是就本宫调曲调制赚曲，另一种是借他宫曲调制赚曲。因此，也存在两种与之相应的使用赚曲的方式：（1）就本宫调所制之赚曲用于连接本宫调中的曲调；（2）借他宫调所制之赚曲，则在套曲犯入他宫时起到连接作用。将这两种使用赚曲的方式总结到"六摄"中，便是"赚"与"赚犯"。

五、"道和"释义

"六摄十一则"中的"道和"也有一个与之对应的曲牌【道和】。今天我们往

---

① （宋）王灼著，岳珍校正：《碧鸡漫志校正》（修订本），人民文学出版社2015年版，第69页。
② 参见钱南扬《宋元戏文辑佚》，中华书局2009年版，第7—9页。

往把【道和】与【合笙】①视作同一个曲牌，这一看法肇始于蒋孝，而后沈璟因袭之。《沈谱》【越调过曲】中举"喜得功名遂"一调，曲调作【道和】，并曰："本名【合笙】，在【中吕】，《旧谱》改作【道和】，今从之。"②但蒋、沈二人均未给出【合笙】改作【道和】的理由。

其实通过梳理相关材料，可以发现【道和】与【合笙】是两个不同的曲牌，它们有着各自独立的发展脉络。

1.【合笙】的发展脉络

曲牌【合笙】来自唐宋伎艺"合生"。关于"合生"的含义，不少前辈学者从不同的角度提出了各自的看法。③

其一，站在音乐的角度，认为"合生"既有说，又有唱。所根据材料有《洛阳缙绅旧闻记》："有谈歌妇人杨苎罗，善合生杂嘲……少师以侄女呼之，每令讴唱，言词捷给，声韵清楚。"④《事物纪原》"合生"条："今人亦谓之唱题目"⑤等。

其二，站在戏剧的角度，认为唐代"合生"具有戏剧成分，宋代"合生"则是一种以歌唱诗词为主的口头伎艺。所依据材料有《新唐书·武平一传》："酒酣，胡人袜子何懿等唱'合生'，歌言浅秽。"⑥

其三，站在"说话"的角度，认为其表演形式是先由一人指物为题，另一人应命即兴咏诗。所据材料有灌园耐得翁《都城纪胜》所说："合生与起令、随令

---

① 【合笙】亦可作【合生】【乔合笙】，下文时有混用，但所指相同。
② （明）沈璟：《增定南九宫曲谱》卷十五，载王桂秋主编《善本戏曲丛刊》第三辑，台湾学生书局1984年影印本，第515页。
③ 以下四点总结包括任半塘、李啸仓、戴望舒、胡士莹、顾颉刚、孙楷第等学者的观点，参考廖秀芬《合生的发展及其表演之探究》，载项楚主编《中国蜀文化研究》第10辑，巴蜀书社2015年版，第37—39页。
④ （宋）张齐贤：《洛阳缙绅旧闻记》卷一，载《丛书集成初编》，商务印书馆1937年版，第2844册，第4页。
⑤ （宋）高承：《事物纪原》卷九，载《丛书集成初编》，商务印书馆1937年版，第1212册，第353页。
⑥ 《新唐书》卷119列传44，中华书局1975年标点本，第4295页。

相似，各占一事。"① 记录了大量宋元行院市语的《行院声嗽》记载："合生：捻词。"② 这"捻词"即"捏词"，乃即兴编造词语（比如即兴创作诗词）之义。③

其四，站在"诗歌"角度，认为"合生"以诗歌为其体裁，又有滑稽玩讽之属性。所据材料有洪迈《夷坚志》"合生诗词"条："江浙间路岐伶女有慧黠，知文墨，能于席上指物题咏，应命则成者，谓之合生；其滑稽含玩讽者，谓之乔合笙。"④

从以上诸家论说"合生"，或依据不同材料，或从不同角度解释材料，故而给出了种种不尽相同，却又有一定联系的判断。也正因为前贤的这些研究，相关材料得到了充分的挖掘，"合生"的真正面目虽未尽明确，但其表演的特点却已较为清楚，大抵可概括为如下三点：或说或唱、一人指物为题（起令）、另一人应命即兴咏诗（随令）。

从以此三点来考察【乔合笙】这支曲牌在历史上的使用情况，可以发现在《西厢记诸宫调》卷五用到【乔合笙】时，其表演近乎唐宋伎艺"合生"。故事情节大体如下：崔莺莺先作一诗，由红娘传至张生，张生读后声称自己能和诗一首，对红娘说道：

"汝欲闻此妙语，吾能唱之而无和者，奈何？"红娘曰："妾和之，可乎？"张生曰："可。"

【仙吕调·河传令缠】

略。

---

① （宋）灌园耐得翁：《都城纪胜》，载《景印文渊阁四库全书》，台湾商务印书馆1986年影印本，第590册，第8页。

② （明）无名氏：《墨娥小录》卷十四，转引自刘晓明《杂剧形成史》，中华书局2007年版，第153页。

③ 参见刘晓明《杂剧形成史》，中华书局2007年版，第154页。另见刘晓明《"合生"与唐宋伎艺》，《文学遗产》2006年第2期。

④ （宋）洪迈：《夷坚志》支志乙卷六，中华书局1981年版，第841页。

【乔合笙】

休将闲事苦萦怀。(和)哩哩罗,哩哩罗,哩哩来也

取次摧残天赋才。(和)

不意当初完妾命。(和)

岂防今日作君灾。(和)

仰酬厚德难从礼。(和)

谨奉新诗可当媒。(和)

寄语高唐休咏赋。(和)

今宵端的雨云来。(和)①

《西厢记诸宫调》是金代的作品,这段材料可谓上承唐宋伎艺,下启明清南北曲,特别是其表演形式更值得注意,试从以下三个方面加以分析。

第一,在此诸宫调中"合生"虽已化为曲牌【乔合笙】,属【仙吕调】,但在实际表演中仍以伎艺面貌示人,依然保留了大量唐宋"合生"的特点。纵观整个过程,崔莺莺作诗相当于"起令",张生和诗相当于"随令"。或因张生之诗语带谐谑,颇可玩讽,故名之以"乔合笙"。

第二,一般情况下,每个曲牌都有一定之格律,一首七律诗几无可能套入诸如【皂罗袍】【江儿水】【泣颜回】之类的曲调中演唱②。此处不用其他曲牌,而用了【乔合笙】,恰恰说明【乔合笙】这一曲牌在格律上并无严格要求,比较自由。另外,依后世宫调分类,【乔合笙】也从不属于【仙吕调】,而此处却被置于【仙吕调·河传令缠】之后,亦可视为其宫调归属较为自由的体现。这种自由或即"即兴造语"之特点。

第三,这里由红娘唱出"哩哩罗"之类的附和之声,这种和声在《词源·讴

---

① (金)董解元:《西厢记诸宫调》,明末闵寓五刻六幻本,文学古籍刊行社 1955 年影印本。
② 到了王实甫的《西厢记》中,这首七律只作为念白,让张生道出。

曲旨要》中已作为一个要点提出"哩字引浊啰字清，住乃哩啰顿唛喻"①，其中"哩顿唛喻"便是指曲中之和声②。其实，中国传统唱奏音乐中的和声，从汉代相和歌开始便已经形成一种传统，其形式概括起来有"歌声相和、歌声与丝竹器乐相和、丝竹器乐之间的相和等"③。可见，中国传统的和声不但历史悠久，且形式多样。翻检《西厢记诸宫调》全篇，明确标示出"和声"的仅此【乔合笙】一调，而张生在唱这段【乔合笙】之前也在强调"无和者，奈何"。这说明在金代【乔合笙】加入和声或许是其一定之法。与此相呼应的是，南宋戏文《乐昌公主破镜重圆》④中【合生】一调亦使用了和声：

【仙吕引子·奉时春】……

【中吕过曲·合生】幸干戈宁息，恐不良隐匿在林榔间。遂差人体探忽报言，粉态画村店。乱惑纪律，军中赶捉来帐前。我欲介取，夫人向前来劝免。（合）⑤怎知今日辐辏。两下菱花，斗合成一片。夫妇再得团圆，再得重相见，百岁效缱绻。

【瓦盆儿】出卖菱花，幸得见贤。寻取消息，只因咏诗篇。岂拟夫人，回嗔作喜幸得见怜。怎知今日辐辏？两下菱花，斗合成一片。夫妇再得团圆，再得重相见，百岁效缱绻。⑥

---

① （宋）张炎：《词源》，道光八年（1828）刻本，《续修四库全书》，上海古籍出版社2002年影印本，集部，第1733册，第64页。
② 参见郑孟津、吴平山《词源解笺》，浙江古籍出版社1990年版，第487—490页。
③ 王传飞：《相和歌辞研究》，北京大学出版社2009年版，第168页。
④ 之所以将其定为南宋作品，依据《中原音韵》："南宋都杭，吴兴与切邻，故其戏文如《乐昌分镜》等类，唱念呼吸皆如约韵。"
⑤ "怎知"以下六句与下文【瓦盆儿】相同，可知此处应补上"合"字，参见钱南扬《宋元戏文辑佚》，中华书局2009年版，第264页。
⑥ 钱南扬：《宋元戏文辑佚》，中华书局2009年版，第264页。

总之,《西厢记诸宫调》中的这段材料提示我们,唐宋伎艺"合生"在金(南宋)时已变为曲牌,但并未彻底脱去"即兴造语"之特点,同时有可能还加入了"和声"以丰富其表演形式。

在元代以后【乔合笙】一调只用于南曲,属【中吕】,格律渐趋确定①,即兴之风也渐失。"和声"虽基本保留,但所和之词也从单纯的拟声词变为有确定内容的合唱或叠唱。曲例见下:

【乔合笙】②《荆钗记》

那一日江道,那一日江道。得梦蹊跷。灵神对吾曹说道。见佳人果然声韵高。投水江心早。梢公救捞。问真情,取覆言词了。留为义女,同临任所福州道。(合)怎知今日,夫妻母子子母团员。再得重相好。腰金衣紫还乡。大家齐欢笑,百岁永偕老。③

【乔合笙】《东墙记》

看尽绿拥红遮,正银台画烛光皎洁,映桃腮杏脸人艳冶。任教玉山趄,宝香慢爇,看珠帘绣幕香味绝。舞回瑞雪,趁龙笙凤啸声韵彻。(合)两情欢悦,夫妇且喜。洞房花烛夜。偏称孔雀屏开,玳筵罗列。金鼎喷兰麝。④

---

① 《南词定律》《九宫大成》收此调,列出四体。
② 坊本误刻为【大环着】,据《南词定律》改。
③ 《屠赤水批评荆钗记》第四十八出,《古本戏曲丛刊》初集据明本影印。
④ 《东墙记》仅存散出,曲文据《旧编》录,"合"字据《南词定律》补。另参见钱南扬《宋元戏文辑佚》,中华书局2009年版,第230页。

【乔合笙】《千金记》

把秦灰静扫。（把秦灰尽扫。）① 将勇兵骁。平齐定魏收楚赵。燕境风迷振枯槁。方显谋猷妙，功勋立早。衣绯罗，紫绶官品要。山河可保。看青史丹书姓字标。（合）仰瞻天表，沉烟顿消。驰车骤马终宁绕。争夸大将英豪。金鼓阗阗闹。凯奏昇平调。②

【乔合笙】《浣纱记》

笑当时文种，笑当时文种，德劣才庸，遭顷欹乱邦难御众。幸今朝喜得聊奏功，中心尚惭竦。（合）江山环拱，见瞳瞳海日沧波莹。烟霞高捧，看郁郁稽山紫气浓。喜逢一统，车书尽同。周王万岁洪基永，方知大越兴隆。愿上千秋颂，一怒诸侯恐。③

【乔合笙】《金莲记》

想浮生蒙昧，想浮生蒙昧，谁辨雄雌。问前生难解红莲真谛，旧花香休猜露水枝。禅关总玄偈。叹人间流沛，这题诗岂意遭狐尾。因缘果报，这其间永劫难逃避。南天莫滞，西方可归，蜗名绳利千秋戏，休被红尘萦系。共向青山去，何异邯郸寤。④

【乔合笙】《彩楼记》

喜得功名遂，重沐提携。荷天天配合一对儿。如鸾似凤夫共妻。腰金衣紫身荣贵。今日谢得亲闻。两情深感激。喜重相会，喜重相会。画堂罗

---

① 《九宫大成》所收此调，此句作叠。
② 《韩信千金记》第二十六折，《古本戏曲丛刊》初集影印北平图书馆藏明富春堂刊本。"乔合笙"原误作"合乔生"。
③ 《怡云阁浣纱记》第四十四出，《古本戏曲丛刊》初集据明本影印。
④ 《金莲记》第三十六出，《古本戏曲丛刊》二集据长乐郑氏藏汲古阁刊本影印。

列骈珠翠。欢声宴乐春风细。今日再成相姻契。效学于飞，如鱼似水。①

观此六例，文辞与句数或有长短删节②，但绝大多数有和声③。这或许是"合生"一变为曲牌后，产生的新的特点。至此，从唐宋伎艺到南北曲曲牌，"合笙"的发展线索、曲词特点的传承变化，皆灼然可见。

2.【道和】曲牌的发展脉络

根据目前所能看到的材料，【道和】一调最早出现在元代，属北曲【中吕调】④。在杂剧中只与【柳青娘】搭配。⑤元人作品有《关大王单刀会》《张鼎智勘魔合罗》《汉高祖濯足气英布》《小尉迟将鞭认父》，以及杨景华散曲一首。⑥明人作品有杨景贤《西游记》、朱有燉《蟠桃会》。兹将五首元人北曲【道和】录出：

【道和】《关大王单刀会》

我商量，我斟量。东吴子敬……无谦让。把咱把咱闲磨障。我这龙泉三尺掣秋霜。□□□都只为镜边你见了咱搊搜相。交他家难侵傍。（原缺六字）交他交他精神丧。绮罗丛血水似镬汤。觅（原缺八字）杀的死尸骸

---

① （明）张禄辑：《词林摘艳》卷十，载《续修四库全书》，上海古籍出版社2002年影印本，第1740册，第317页。
② 吴梅亦云："（【乔合笙】四体）长短不同。盖中可删节也。" 吴梅：《南北词简谱》，中国戏剧出版社2016年版，第400页。
③ 《金莲记》虽未标出"合"字，但参照上述几例，似可在"叹人间流沛"或"南天莫滞"前加上"合"字。
④ 另《南村辍耕录》卷二十七《杂剧曲名》将【道和】列于【正宫】。
⑤ 《太和正音谱》姚品文校笺云："【柳青娘】，例上接【剔银灯】【蔓青菜】下接【道和】组合为套内带过。"（《太和正音谱笺评》，中华书局2010年版，第223页。）姚说不确。第一，查元明杂剧，虽【柳青娘】必接【道和】，【剔银灯】必接【蔓青菜】；但这两对带过曲之间则未必相连；第二，北曲的带过曲相当于南曲的集曲，且曲牌内一般会有"带"字，故而这里称其为"套内带过"尚有可议之处。
⑥ 《九宫正始》《北词广正谱》以为作者系季子安。参见隋树森编《全元散曲》，中华书局1964年版，第1459页。

屯满满满汉阳江。①

【道和】《张鼎智勘魔合罗》

却则端的，端的。虚事不能实，忒跷蹊。教俺难根缉。天交张鼎忽使机。脱灾危，啜赚出是和非。难支吾难支对，难分说难分细。那些那些咱欢喜，那些那些咱伶俐。一行人取情招伏讫。那些那些他愁惭。当初指望成家计。到如今番做得落便宜。②

【道和】《汉高祖濯足气英布》

把军收，把军收。江山安稳总属刘。不刚求。看咱看咱恩临厚。交咱交咱难消受。终身答报志难酬。恨无由，直杀的丧荒丘。遥观着征骤骤。都交他望风走。看者看者咱征斗，您每您每休来救。看者看者咱征斗，都交死在咱家手。荒郊野外横尸首。直杀的马头前急留古鲁鲁乱滚死死死死人头。③

【道和】《小尉迟将鞭认父》

则见枪来，我轻轻躲过兀的定一衰。兀的教咱教咱嗔容怪，教咱教咱难耽待。教头盔顿项遮腮，尽斜歪。骨碌碌眼睁开。看承看承这泼乔才。把那厮轻轻抹着遭残害。我略把略把虎躯侧，土圪塔的抓住狮蛮带。就着那战场中滴溜溜扑活挟过逆逆逆贼来。④

---

① 郑骞校订：《校订元刊杂剧三十种》，台湾世界书局1962年版，第7页。
② 郑骞校订：《校订元刊杂剧三十种》，台湾世界书局1962年版，第237—238页。
③ 郑骞校订：《校订元刊杂剧三十种》，台湾世界书局1962年版，第164页。
④ 无名氏：《小尉迟将鞭认父》第二折，《古本戏曲丛刊》第四集，据《脉望馆钞校本古今杂剧》影印。

【道和】杨景华散曲

离恨匆匆，离恨匆匆。天涯咫尺不相逢。觅鳞鸿，杳无踪。濛濛雾锁桃源洞。漫漫水泛蓝桥涌。雪浪雪浪拍涛洪。祆庙祆庙火飞红。翠衾空，人闷冗。玉青庵错把衣衾送。藕丝微银屏重。比目鱼活水冻。小卿道把双郎送。莺莺远却离张珙。柳毅错将家书奉。张生煮海金钱梦。恨蹙眉峰，愁积心中，怨恨无穷。何时得玉环合。金钗鞍，金钗鞍对，鞍对上青铜。①

这五例【道和】确乎很难总结出一个确定的格律标准。吴梅在谈到【道和】时曾感叹："谱之最难订正者，莫如【双调·梅花酒】及此曲，但【梅花酒】尚有定格，此则百无一词，实则增减处太多耳。《正音谱》以此曲为句字不拘，可以增损。"② 郑骞也曾说道："此章无不增句者，增句格式又颇复杂，故本格自来不明。……除朱有燉所作两曲外，增句格式，无一相同；通曲异本，字句亦有出入。"③ 总之，北曲【道和】从文词格律上来说，并无一定之法，可长可短，唯一能确定的是曲中必有叠句。

而在宋元南戏中几无使用【道和】者，唯明汲古阁本《杀狗记》④有【道和排歌】一调。⑤ 然《风月锦囊》本《杀狗记》相应曲文只作【排歌】⑥，可见汲古阁本未必能反映原作面貌。而在明清传奇中，【道和】也绝少单独使用，大抵只用于

---

① （明）张禄辑：《词林摘艳》卷三，嘉靖四年（1525）刻本，《续修四库全书》，上海古籍出版社2002年影印本，第1740册，第101页。
② 吴梅：《南北词简谱》，中国戏剧出版社2016年版，第102页。
③ 郑骞：《北曲新谱》，台湾艺文印书馆有限公司2008年版，第159页。
④ 《杀狗记》作者或为徐畖，元末明初人。
⑤ 《古本戏曲丛刊》初辑影印明汲古阁刊本《杀狗记》第三十六出。
⑥ 孙崇涛、黄仕忠笺校：《风月锦囊笺校》，中华书局2000年版，第507页。

两种情况，一是与【排歌】组成【道和排歌】，宫调随【排歌】，属于【仙吕】①；二是与【合笙】组成【合笙道和】，宫调随【合笙】，属于【越调】。

兹举【道和排歌】一调：

【道和排歌】《绾春园传奇》第四十二出

秋来雁在客先，故苑新花鸟如怜，旧主还废宅白云边。山儿犹碧江尚冽，独朱颜不似去时妍。许多朱户改荒田，几处柴扉易粉垣。思前事共黯然，故人相晤各询年。（众背唱）心窝事难骤言，中间私间结一疑团。②

总之，无论在北曲抑或是南曲中，【道和】一调并无独立使用的例子；而它在套曲中使用时，则一定与某几个特定的曲牌组合出现。

3.【合笙】与【道和】是两个不同的曲牌

上文已述【合笙】与【道和】有各自的发展脉络。今翻检《蒋谱》之前的一些曲集（如《盛世新声》《词林摘艳》），可发现其中既收【合笙】也收【道和】，并无混用之例。即便在《旧编》中也分别著录有【乔合笙】【道和】【道和排歌】三支曲牌，可见【道和】与【合笙】的确是两支不同的曲牌。那么为何《蒋谱》中"喜得功名遂"一调会从【合笙】改作【道和】呢？

兹以《词林摘艳》为例，列出完整的"喜得功名遂"套曲组合：

【合笙】"喜得功名遂"—【调笑令】—【道合】"日前虑恐人耻"—【耍厮儿】—【鲍子令】—【圣药王】—【梅花酒】—【余音】。③

---

① 《十三调谱》【羽调】下有【排歌】与【道和排歌】单列，可知是两个曲牌。而【道和排歌】宫调亦随【排歌】，入【羽调】，乃因其时【羽调】尚未并入【仙吕】之故也。由此亦可见《十三调谱》非明清时所作。
② 《谭友夏钟伯敬批评绾春园传奇》第四十二出，《古本戏曲丛刊》第二辑影印北京图书馆藏明末刊本。
③ 《词林摘艳》所选这一套与《盛世新声》相同。

而《蒋谱》中则录作：

【道和】"喜得功名遂"—【幺篇】"日前虑恐人耻"—【胞子令】—【梅花酒】。

观察后可知，《蒋谱》中抽去了【调笑令】【耍厮儿】【圣药王】三调，而这三调恰是北曲。剩下四支曲牌，除【道和】外都是南曲。因此我们可以推测，蒋孝这么做大抵是因为他觉得《蒋谱》是一本南曲谱，而不应混入北曲①，故而将原来的南北合套改成了南套。那么，按理说【合笙】是一支南曲，为何蒋孝不予以保留呢？就此问题本书试从带过曲角度作一推测。上文曾提到【道和】可与其他曲牌组成带过曲。所谓带过曲是套曲内曲牌固定组合形式②。南北曲中由【道和】构成的带过曲有如下形式：

表4-6 【道和】曲牌组合形式

曲牌组合形式	出处
【……】—【柳青娘】—【道和】—【……】	《关大王单刀会》第三折
【……】—【柳青娘】—【道和】—【……】	《张鼎智勘魔合罗》第四折
【……】—【柳青娘】—【道和】—【……】	《汉高祖濯足气英布》第三折
【……】—【合笙道合】"皇都万古"—【调笑令】"燕子雨晴初"—【……】	《词林摘艳》卷十
【……】—【南合笙道合】"皇都万古"—【北调笑令】"燕子雨晴初"—【……】	《北宫词纪》卷一

---

① 另《九宫正始》【越调·道和】后有注云："元传奇《瓦窑记》及今时本《彩楼记》此底折皆系全套南词，后不知何人改为南北合调，载于《雍熙乐府》。"（《九宫正始》，黄山书社2008年版，第620页。）其实，在《雍熙乐府》之前的《盛世新声》《词林摘艳》此套已然是南北合套，且清旧钞本《彩楼记》（《古本戏曲丛刊》第2辑）第二十出亦是南北合套，《九宫正始》所论似错置了前后关系。

② 参见孙玄龄《带过曲辨析》，《中国音乐学》1986年第4期。

（续表）

曲牌组合形式	出处
【合笙】"喜得功名遂"—【调笑令】—【道合】"日前虑恐人谈耻"—【……】	《词林摘艳》卷十；目录题作"合笙道合"
【合笙】"喜得功名遂"—【调笑令】—【道合】"日前虑恐人谈耻"—【……】	《盛世新声》越调
【合笙】"喜得功名遂"—【调笑令】—【道合】"日前虑恐人谈耻"—【……】	《雍熙乐府》卷十六
【道和】"喜得功名遂"—【幺篇】"日前虑恐人谈耻"—【……】	《旧编南九宫谱》越调
【北乔合笙】"喜得功名遂"—【前腔】"深蒙意美旧恨休提"—【北调笑令】—【……】	《乐府遏云编》卷中
【南合笙】—【北调笑令】—【南道和】—【……】	《九宫大成》卷二十九越调合套
【道和排歌】—【……】	《绾春园传奇》第四十二出

由表4-6可知，【道和】只与其他三个曲牌构成固定组合：元杂剧中，【道和】与【柳青娘】组成固定曲牌组合；宋元南戏中，【道和】与【合笙】或【排歌】组成固定曲牌组合。并且，【道和】一调在南北曲中都没有独立性[①]，必须与其他曲牌组合方能存在。也就是说"喜得功名遂"之后可直接"日前虑恐人谈耻"，而《蒋谱》将【合笙】一套改成南套后，极有可能是将【合笙】一名误作【道和】。误作的原因可能是两调的特征较为相似（都有叠词和曲词不定的特征）。又因为前一调已作【道和】，后一调"日前虑恐人谈耻"则改作【幺篇】。而《沈谱》对此改动亦未能辨别出对错，遂延续此误。

4.【道和】的作用

在明确了【道和】与【合笙】是两个不同的曲牌后，我们在研究"道和"时

[①] 【道和】虽只与三个曲牌构成固定组合，但是还存在两个曲牌分列和分开演唱的现象。【合笙】与【道和】之间加入【调笑令】即是此例，这并非代表【道和】可以独立存在。参见孙玄龄《带过曲辨析》，《中国音乐学》1986年第4期。

可以排除【合笙】的干扰。这里我们将在目下所见的南北曲中尚存的【道和】用例胪列如下：

（1）杂剧《关大王单刀会》第三折：【中吕·粉蝶儿】—【醉春风】—【十二月】—【尧民歌】—【石榴花】—【斗鹌鹑】—【上小楼】—【幺篇】—【快活三】—【鲍老儿】—【剔银灯】—【蔓青菜】—【柳青娘】—【道和】—【尾】

（2）杂剧《张鼎智勘魔合罗》第四折：【中吕·粉蝶儿】—【醉春风】—【叫声】—【喜春来】—【红绣鞋】—【迎仙客】—【白鹤子】—【幺篇】—【幺篇】—【幺篇】—【幺篇】—【幺篇】—【叫声】—【醉春风】—【滚绣球】—【倘秀才】—【蛮姑令】—【快活三】—【鲍老儿】—【古鲍老】—【鬼三台】—【剔银灯】—【蔓青菜】—【穷河西】—【柳青娘】—【道和】—【煞尾】

（3）杂剧《汉高祖濯足气英布》第三折：【正宫·端正好】—【滚绣球】—【倘秀才】—【滚绣球】—【脱布衫】—【小梁州】—【幺篇】—【叨叨令】—【剔银灯】—【蔓青菜】—【柳青娘】—【道和】—【啄木儿尾】

（4）杂剧《小尉迟将鞭认父》第二折：【粉蝶儿】—【醉春风】—【迎仙客】—【红绣鞋】—【快活三】—【鲍老儿】—【柳青娘】—【道合】—【尾声】

（5）杂剧《李克用箭射双雕》①：【粉蝶儿】—【醉春风】—【快活三】—【谒金门（即朝天子）】—【快活三】—【六幺篇】—【六幺序】—【鲍老儿】—【古鲍老】—【蔓青菜】—【剔银灯】—【柳青娘】—【道和】

（6）南戏《杀狗记》（汲古阁本）第三十六出：【金鸡叫】—【驻马听】—【羽调排歌】—【道和】—【尾声】

（7）明初传奇《彩楼记》②：【合笙】—【调笑令】—【道合】—【耍孩儿】—【鲍子令】—【圣药王】—【梅花酒】—【余音】

---

① （明）张禄辑：《词林摘艳》卷七，嘉靖四年（1525）刻本，《续修四库全书》，上海古籍出版社2002年影印本，第1740册，第99—100页。
② （明）张禄辑：《词林摘艳》卷十，嘉靖四年（1525）刻本，《续修四库全书》，上海古籍出版社2002年影印本，第1740册，第317—318页。

（8）明人王文昌散曲[①]：【绣停针】—【小桃红】—【合笙道合】—【调笑令】即【含笑花】—【山马客 忆多娇】—【秃厮儿 圣药王 金蕉叶】—【豹子令 梅花酒】—【余音】

我们从上述用例中可以发现两点规律：

第一，【道和】绝不单独使用，而是与某几个曲牌形成三类固定组合：第一类是在北曲中【道和】只与【柳青娘】搭配。在南曲中则存在两种组合形式；第二类是与【排歌】组成【道和排歌】，宫调随【排歌】，属于【仙吕】[②]；第三类是与【合笙】组成【合笙道和】，宫调随【合笙】，属于【越调】。

第二，除了【合笙】【道和】的组合外，另外两种组合中的【道和】皆出现在套曲结尾处，用于连接过曲与尾声。而将【合笙】【道和】组合使用者，如《彩楼记》与王文昌散曲，均是入明以后的作品。在《彩楼记》的前身，被《南词叙录》列为"宋元旧篇"的《破窑记》（富春堂本、明书林陈含初、詹林我绣刻本）中同样的"喜得功名遂"一调并不作【合笙】或【道和】，而是【疏林影】（【似娘儿】—【满庭芳】—【疏林影】—【前腔】"喜得功名遂"—【前腔】—【前腔】—【前腔】—【前腔】—【前腔】—【前腔】—【包子令】—【尾声】，《李九我批评破窑记》，富堂本少去三个【前腔】，其他与"李九我本"一致）。[③]可知，【合笙】【道和】出现于套曲中的用例是入明以后方才有的。

综合上述两点，不考虑晚出的【合笙】【道和】组合，另外两种组合皆位于尾声之前，因此我们可以得出如下结论：明代之前的【道和】是一种过渡性的曲牌，在南北曲中皆位于尾声之前，用于连接过曲与尾声。

[①] （明）张禄辑：《词林摘艳》卷十，嘉靖四年（1525）刻本，《续修四库全书》，上海古籍出版社 2002 年影印本，第 1740 册，第 296—297 页。

[②] 《十三调谱》【羽调】下有【排歌】与【道和排歌】单列，可知是两个曲牌。而【道和排歌】宫调亦随【排歌】，入【羽调】，乃因其时【羽调】尚未并入【仙吕】之故也。由此亦可见《十三调谱》非明清时所作。

[③] 需要说明的是，《九宫正始》收"喜得功名遂"作【道和】，本书认为《九宫正始》此种改易所依据者恰是《旧编南九宫谱》。

六、"傍拍"释义

上文已述,陈多、叶长海两位先生在《曲律注释》中认为"傍拍"或许是指《梦溪笔谈》中所提到的"傍字""傍犯"。此说值得商榷。沈括《梦溪笔谈》谈及"傍字""傍犯"的原文如下:

> 隋柱国郑译始条具七均,展转相生,为八十四调,清浊混淆,纷乱无统,竟为新声。自后又有犯声、侧声、正杀、寄杀、偏字、傍字、双字、半字之法。从、变之声,无复条理矣。(卷五)①
>
> 又云:"厌长乐之疏钟,劳中宫之缓箭。"虽两长乐,意义不同,不为重复,此类为傍犯。(卷十五)②

细读原文,可知《梦溪笔谈》提到的"傍字""傍犯"皆是犯调的一种。但"六摄十一则"中其实已经列出了犯调(二犯至七犯),如果"傍拍"仍然是一种犯调的话,显然重复。

另外,王骥德《曲律·论曲禁》还将"傍犯"列为犯韵的一种,是填曲的禁忌之一③。既是禁忌,在填词作曲时就应当规避而不是运用,那它更不可能是"六摄十一则"的一种了。显然,"傍拍"一词当有另外之意蕴。

1."傍拍"即"近拍"

本书认为,"六摄十一则"之"傍拍"所指就是"近拍"。以南宋项安世《项氏家说》中《因讳改字》条为依据:

---

① 胡静道:《新校正梦溪笔谈 梦溪笔谈补正稿》,上海人民出版社2011年版,第45页。
② 胡静道:《新校正梦溪笔谈 梦溪笔谈补正稿》,上海人民出版社2011年版,第112页。
③ "有傍犯:句中即上、去声,不得与平声相犯,如董、冻犯东类。"(明)王骥德著,陈多、叶长海注释《曲律注释》,上海古籍出版社2012年版,第178页。

歌者多因讳避，辄改古词本书，后来者不知其由，因以疵议前作者多矣。如苏词……"杜鹃声里斜阳树"，因讳"树"字，改为"斜阳暮"，遂不成文。满庭霜以"霜"为"惨"，遂改为"芳"，照不眠以"不"为入声，遂改为"无"，或改为"孤"，而不知乐府中以入与平为一声也。近年因为慈福太皇家讳"近"字，凡近拍者，皆改为傍拍。他时必不能晓傍拍之义也。①

　　这里明言因为避讳而改"近拍"为"傍拍"，且有宋一代确实避讳以严格著称。清人周广业说："避讳之繁，宋为最甚。"②陈垣也说："宋人避讳之例最严。"③《项氏家说》这条材料虽是孤证，但项氏言论的可信度却是颇高的。《四库提要》对他的评价是："安世学有体用，通达治道，而说经不尚虚言，其订覆同异，考究是非，往往洞见本原，迥出同时诸家之上。"④项文所提到的慈福太皇⑤即宋高宗之皇后，史称宪圣慈烈吴皇后，慈福之称乃由其所居宫殿得名。据《宋史》记载：

　　宪圣慈烈吴皇后，开封人。父近，以后贵，累官武翼郎，赠太师，追封吴王，谥宣靖。……上皇崩，遗照改称皇太后。帝欲迎还大内，太后以上皇几筵在德寿宫，不忍舍去，因名所御殿曰慈福，居焉。⑥

　　可见，改"近"为"傍"是避吴皇后父讳。又《说文·人部》"傍，近也。从

---

① （南宋）项安世：《项氏家说》卷八，载《景印文渊阁四库全书》，台湾商务印书馆1986年影印本，第706册，第546页。
② （清）周广业：《经史避名汇考》卷二十一，同治三年（1864）增修本，载《续修四库全书》，上海古籍出版社2002年影印本，第827册，第700页。
③ 陈垣：《史讳举例》第七十八，中华书局2004年版，第124页。
④ 《四库全书总目》卷92，中华书局1965年版，第786页。
⑤ 太皇乃太皇太后之省称。
⑥ （元）脱脱等：《宋史》卷243列传第二，中华书局1977年标点本，第8646—8647页。

人，旁声"[①]，可见"傍"与"近"本来就可同义替换。而"近"又是宋词中常用的体裁，细读项安世这条笔记，其中所举的其他几条皆是宋词的例子，那么所谓"傍拍"也应该是宋词的概念，即"近拍"。据此也可知，"傍拍"一词的产生时间不会早于高宗时期。

为进一步论证"傍拍"即是"近拍"，这里举《旧编南九宫谱》【中吕】过曲中列出的【荼蘼香傍拍】一调为例[②]，从以下四个方面进一步申说。

第一，【荼蘼香傍拍】较之【荼蘼香】晚出。

按照事物产生发展的规律，原调的出现时间一定早于它的"近拍"。如果【荼蘼香】是【荼蘼香傍拍】的原调，那么它一定比它的傍拍（近拍）要早出。

根据王国维《宋元戏曲史》第十四章"南戏之渊源及时代"所言，【荼蘼香傍拍】出于"金诸宫调"[③]。而从现存的材料中尚可以找到金初人所填的【荼蘼香】词作[④]，可知【荼蘼香】一调出现的年代一定早于金初。因此，从出现时间上来看【荼蘼香傍拍】一定晚于【荼蘼香】。这一时间上的前后关系符合事物产生的逻辑。

第二，【荼蘼香傍拍】符合"近拍"六个韵段[⑤]的特征。

两宋词体有慢、令、近、引四类体制，它们是以文词的均（韵）数为区分的。《词源·讴曲旨要》云："讴曲令曲四揩匀，破近六均慢八均。"[⑥]郑西村先生

[①] 《说文解字》八上·人部，中华书局1963年版，第165页。

[②] 《九宫正始》亦收此曲，并有注云："此题有'傍拍'二字，疑即'六摄十一则'之'傍拍'，未知是否。"

[③] 王国维：《宋元戏曲史》，上海古籍出版社1998年版，第113页。

[④] 金初人王喆（1112—1170）有词作【酴醾香】传世。词作见唐圭璋编《全金元词》，中华书局1979年版，第215—216页。

[⑤] 南北曲牌曲词以"韵段"为组成单位，一上句、一下句为一韵，凡正韵字总是处于下句句脚，凡正韵字总是要和煞声相结合。参见郑西村《昆曲音乐与填词》（甲稿），台湾学海出版社2000年版，第2—18页。类似的观点有洛地的"韵断"说，参见洛地《词体构成》，中华书局2009年版，第128—165页。

[⑥] （宋）张炎：《词源》，道光八年（1828）刻本，载《续修四库全书》，上海古籍出版社2002年影印本，集部，1733册，第64页。

据此尝总结近曲的特点："六正韵合六均，最后一均，都比前二均特长。"[①]也就是说"近拍"有六个韵段，且最末一个韵段曲词较长。

兹划分【荼蘪香傍拍】全曲韵段如下[②]：

荼蘪香傍拍 玩江楼

赏西郊佳致。△春来景最奇，绿水画桥西。▲（齐微·羽）

花梢挂酒旗。△映水碧。▲（齐微·羽）

看双双蝴蝶对飞，听声声黄鹂巧啼。△正百紫千红斗美。▲（齐微·羽）

见香车，都是少年姝丽。△翠影中，红香内，似误入桃源洞里。▲（齐微·羽）

风和日暖。△亭台上笙歌鼎沸。▲（齐微·羽）

游戏，只见柳影中，秋千画板高蹴起。△赏心乐事，园林好，香风罗绮。▲（齐微·宫）

这里将全曲划分为六个韵段。西、碧、美、里、沸、绮六个字为正韵，韵部相同，皆属齐微韵[③]。结合谱例4-2，可知此曲为羽宫交替调，前五韵所对应的煞声是羽音，最后结束音落在宫音上，形成一种调式交替的终止句式。

因此，这支【荼蘪香傍拍】由六个韵段组成，并且"看双双蝴蝶……""游戏，只见柳影中……"两均都比前面几均长。这两点也符合近拍"六均"且"最后一均，都比前两均特长"的特征。

---

① 郑孟津、吴平山：《词源解笺》，浙江古籍出版社1990年版，第464页。郑先生另一种表述是："近词词格特征，表现为末韵（结拍）特长。"参见郑孟津《词曲通解》，上海古籍出版社2014年版，第620页。

② △为上句，▲为下句，上下句构成一韵段。凡正韵韵字总是在下句句脚，凡正韵字总是要和音乐的煞声相结合。参见郑西村《昆曲音乐与填词》（甲稿），台湾学海出版社2000年版，第16—18页。

③ 《中原音韵》所属韵部。

谱例 4-2 《九宫大成》所收《玩江楼》【荼蘼香傍拍】[1]

玩江楼

赏西郊佳致，春来景最奇。绿水画桥西，花梢挂酒旗，映水碧。看双双蝴蝶对飞，听声声黄鹂巧啼。(正)万紫千红斗美，见香车，都是少年姝丽。翠

---

[1] 谱例据刘崇德校译《新定九宫大成南北词宫谱校译》卷 43，天津古籍出版社 1998 年版，第 2455—2457 页。

[乐谱：影中，红香内，似误入桃源洞里。风和日暖，亭台上笙歌鼎沸游戏，只见柳影中，秋千画板高蹴起。赏心乐事，园林好，香风罗绮。]

第三，【荼蘼香傍拍】与【荼蘼香】宫调相通。

遍观词调与曲调，它们的慢、令、近、引各体，其原调与其变化形式之间往往都存在一一对应关系。以"慢"为例：

词调中有如下对应关系[①]：

[①] 参考林克胜《词律综述》，商务印书馆2011年版，第29—30页。

长相思——长相思慢，上林春——上林春慢，浣溪沙——浣溪沙慢

卜算子——卜算子慢，采桑子——采桑子慢，锦堂春——锦堂春慢

西江月——西江月慢，少年游——少年游慢，雨中花——雨中花慢

木兰花——木兰花慢，杏花天——杏花天慢，浪淘沙——浪淘沙慢

鼓笛令——鼓笛令慢，临江仙——临江仙慢，谢池春——谢池春慢

行香子——行香子慢，胜胜令——胜胜令慢，惜黄花——惜黄花慢

江城子——江城子慢，粉蝶儿——粉蝶儿慢，瑞云浓——瑞云浓慢

早梅芳——早梅芳慢

曲调中有如下对应关系：

二郎神——二郎神慢

风入松——风入松慢

那么"近拍"及其原调之间也应该存在类似关系。兹以《南九宫谱》《十三调南曲音节谱》所举曲牌为例：

表4-7 《南九宫谱》《十三调谱》所收原调及其"近拍"

曲牌	所属宫调	曲谱
步步娇近	仙吕入双调	《旧编》
步步娇	仙吕入双调	《旧编》
步步娇	双调	《十三调谱》
聚八仙近	仙吕（与羽调互用，出入道宫、高平、南吕）	《十三调谱》
聚八仙	仙吕	《旧编》
聚八仙	仙吕（与羽调互用，出入道宫、高平、南吕）	《十三调谱》
绛都春近	黄钟（与羽调互用，出入道宫、高平、南吕）	《十三调谱》
绛都春	黄钟	《旧编》
二郎神近	商调（与仙吕、羽调、黄钟皆出入）	《十三调谱》
二郎神	商调	《旧编》
二郎神	商调	《十三调谱》
高阳台近	商调（与仙吕、羽调、黄钟皆出入）	《十三调谱》

（续表）

曲牌	所属宫调	曲谱
高阳台	商调	《旧编》
高阳台	商调（与仙吕、羽调、黄钟皆出入）	《十三调谱》
新荷叶近	大石调（与正宫出入）	《十三调谱》
新荷叶	正宫	《旧编》
新荷叶	大石调（与正宫出入）	《十三调谱》
西地锦近	大石调（与正宫出入）	《十三调谱》
西地锦	黄钟	《旧编》
西地锦	大石调（与正宫出入）	《十三调谱》
丑奴儿近	大石调（与正宫出入）	《十三调谱》
丑奴儿	大石调（与正宫出入）	《十三调谱》
粉蝶儿近	中吕调（与正宫、道宫出入）	《十三调谱》
粉蝶儿	中吕	《旧编》
粉蝶儿与中吕音异字同	正宫调（与大石、中吕出入）	《十三调谱》
粉蝶儿与正宫句同音异	中吕调（与正宫、道宫出入）	《十三调谱》
大胜乐近	道宫调（与南吕、仙吕、高平出入）	《十三调谱》
大胜乐近	南吕调（与道宫、仙吕出入）	《十三调谱》
大胜乐	南吕	《旧编》
大胜乐	仙吕（与羽调互用，出入道宫、高平、南吕）	《十三调谱》
大胜乐亦在南吕	道宫调（与南吕、仙吕、高平出入）	《十三调谱》
应时明近	道宫调（与南吕、仙吕、高平出入）	《十三调谱》
应时明	道宫调（与南吕、仙吕、高平出入）	《十三调谱》
贺新郎近	南吕调（与道宫、仙吕出入）	《十三调谱》
贺新郎	南吕	《旧编》
风入松近	小石调（与越调、双调出入）	《十三调谱》
风入松近亦在小石、夹钟宫	双调（与小石出入）	《十三调谱》

（续表）

曲牌	所属宫调	曲谱
风入松	双调	《旧编》
风入松	仙吕入双调	《旧编》
夜行船近	小石调（与越调、双调出入）	《十三调谱》
夜行船	双调	《旧编》
夜行船	越调（与小石调、高平调出入）	《十三调谱》
夜行船亦在双调、越调	小石调（与越调、双调出入）	《十三调谱》
夜行船本在小石	双调（与小石出入）	《十三调谱》
祝英台近亦在越调	小石调（与越调、双调出入）	《十三调谱》
祝英台	越调	《旧编》

根据上表可知，近拍与其原调不仅存在一一对应关系，而且在宫调上也具有紧密的联系。这种联系表现为原调与其近拍的宫调不是相同便是相通。[①] 因此，如果要判定【荼蘼香傍拍】就是【荼蘼香】的近体，那么两者就必须满足宫调相同或相通这一必要条件。

现据《旧编》所载，【荼蘼香傍拍】属于【中吕过曲】，而在《十三调谱》【中吕调】中恰著录有【荼蘼香】，所以【荼蘼香傍拍】与【荼蘼香】符合宫调相同这一条件。

第四，从音乐角度看，近拍（傍拍）与原调之间的差异是客观存在的。必须承认，近拍（傍拍）与原调之间在音乐上一定会有差异存在，而且有时这种差异

---

① 此表格显示近曲不是属于原调所在宫调，就是归入可与原调宫调相"出入"的宫调中。此表中只有一个例外，即《旧编》【西地锦】被置于【黄钟宫】内。

还不小。类似的例子在《九宫大成》里能找到很多。①但毕竟《九宫大成》是清代的文献,那么在宋代是否也存在这种情况呢?

请看《碧鸡漫志》中的几段文字:

《夜半乐》………今黄钟宫有《三台夜半乐》,中吕调有慢、有近拍、有序,不知何者为正。②

《荔枝香》……今歇指、大石两调皆有近拍,不知何者为本曲③

《雨淋铃》……今双调《雨淋铃慢》颇极哀怨,真本曲遗响。④

这三条材料可以贯通起来看。王灼之所以能确定【雨淋铃慢】是【雨淋铃】的"遗响",是因为其听感上"颇极哀怨",符合他对【雨淋铃】原调音乐表情的判断。而他感叹【三台夜半乐】【夜半乐慢】【夜半乐近】【夜半乐序】【歇指·荔枝香近】【大石·荔枝香近】"不知何者为正(本曲)"则说明——这些在原调基础上变化而来的曲调,与原调在听感上有着相当大的不同。由此可知,在王灼的时代这些曲调的部分或者全部,已与原调在音乐上是存在很大不同的。这三条材料提示我们,早在南宋初年很多原调与其"慢""近"等变化形式在音乐上就已经出现了极大的不同。

今天我们所能看到的【荼蘼香】与【荼蘼香傍拍】两段音乐也存在着较大的差异。谱例4-3举出《九宫大成》中所收的【荼蘼香】一调,用以与上文所举【荼蘼香傍拍】作一比较。

---

① 比如【丑奴儿】(卷十七)与【丑奴儿近】(卷三十一)、【祝英台】(卷二十四)与【祝英台近】(卷二十三)、【梁州令】(卷三十)与【梁州令近】(卷三十),音乐上都有很大差异。正是注意到了这种原调与其变化形式之间的差异,《九宫正始》【梁州令近】下便有注云"比始调大奇大异"。

② (宋)王灼著,岳珍校正:《碧鸡漫志校正》(修订本),人民文学出版社2015年版,第84—85页。

③ (宋)王灼著,岳珍校正:《碧鸡漫志校正》(修订本),人民文学出版社2015年版,第89—90页。

④ (宋)王灼著,岳珍校正:《碧鸡漫志校正》(修订本),人民文学出版社2015年版,第96页。

谱例 4-3 《九宫大成》所收【荼蘼香】[①]

荼蘼香

散曲

记得初相守,偶而间因循成就,美满效绸缪。花朝月下同宴赏,佳节须酬到今一旦休。(常言道)好事天悭美姻缘他娘间阻,生拆散鸾交凤友。

这是一首北曲【荼蘼香】,它在宫调、音乐旋律、曲词格律等方面与【荼蘼香傍拍】都有着很大的不同,但我们不能简单地将两者判定为"同名异调"而否认了它们之间可能存在的联系。其实,这两首乐曲在其结束部分的乐句确实有着相近的腔型。虽然这也是今天我们所能找到的【荼蘼香】与【荼蘼香傍拍】在音乐上的唯一联系,但这两段相似的旋律或许便是【荼蘼香傍拍】是从【荼蘼香】

---

① 谱例据刘崇德校译《新定九宫大成南北词宫谱校译》卷 20,天津古籍出版社 1998 年版,第 1287 页。

第四章 蒋孝及其曲谱 在曲学史上的意义与影响　193

发展变化而来的一个证据。

【荼蘼香】：

【荼蘼香傍拍】：

综上所述，【傍拍】即是【近拍】。从【荼蘼香】到【荼蘼香傍拍】的过程，就是一支原调经过某种音乐旋律和文词格律上的变化①，从而成为形成新的曲调"近拍"的过程。从这一层意义上来讲，"傍拍"（近拍）作用于单个曲牌时可视作为一种音乐发展手法，理论上它可作用于不同宫调下不同的曲牌，以生成新的曲调。

2."近拍"的作用

学界对近拍的理解一般多据王易《词曲史》："近于入破，将起拍也。故凡近词皆句短韵密而音长。"② 不过王易所据为何，不甚明确。虽然目前学界关于"近拍"还未有一个站得住脚的解释③，但根据上文论述，我们大抵可判断"近拍"是一种在原有曲调基础上生成新的曲调的手法，且从其名称上大致也可看出它可能还与乐曲的节奏有关。那么宋元时"近"体曲牌在套曲中又有什么作用呢？据杨荫浏考察："今存以'近'字题名的曲牌，大都比慢曲为短，节奏或用散板，或

---

① 这种变化手法现已不可考，根据上文所举《碧鸡漫志》中有关"近拍"的文字，似乎王灼之时也不甚明晰。今详看《九宫大成》中所保留的一些原调与近拍，如【驻马听】与【驻马听近】、【祝英台】与【祝英台近】、【丑奴儿】与【丑奴儿近】等，也很难总结出其中变化的规律。
② 王易：《词曲史》，东方出版中心1996年版，第97页。
③ 对各家"近拍"解释的质疑辨析参见李飞跃《"近"体考辨》，载叶长海主编《曲学》第二卷，上海古籍出版社2014年版，第177—190页。

用加赠板或不加赠板的一板三眼，其节奏还是偏于慢的。……（近）可能是慢曲以后，入破以前，在由慢渐快部分所用的曲调。"①

我们知道，南曲套曲一般采用由慢及快的联曲方式。王季烈《螾庐曲谈》之《论套数体式》总结说："南曲有慢曲、急曲之别，慢曲必在前，急曲必在后。欲联南曲成套数，先当辨别何者为慢曲，何者为急曲，何者为可慢可急之曲，而后体式可无误也。"② 那么，根据杨荫浏"近"体为"慢曲以后，入破以前，在由慢渐快部分所用的曲调"的观点，"近"体曲牌在一支套曲中的位置应偏于前中部。

验之以宋元"近"体曲牌在套曲中的使用情况：

《柳耆卿诗酒玩江楼》：【醉中归】—【尾犯序】—【荼蘼香傍拍】—【会河序】—【太和佛】—【三句儿煞】。③

《张协状元》第十七出：【风入松】—【祝英台近】—【同前换头】—【同前换头】—【同前换头】。

《琵琶记》第三出：【雁儿舞】—【祝英台近】—【祝英台序】—【前腔换头】—【前腔换头】—【前腔换头】。

《董秀才遇仙记》：【正宫近词】【玉濠寨】—【薄媚衮罗袍】—【梁州令近】—【前腔换头】—【雁过锦】—【摊破锦缠雁】④。

上述用例中"近"体曲牌都位于套曲的前中部，可与杨氏所述相印证。因此对于宋元时"近"体曲牌（包括【傍拍】）的判断，我们大致也可基于杨说进行阐发：近拍（傍拍）是一类位于套曲的前中部，并在套曲节奏由慢渐快时起到连接作用的曲牌。

---

① 杨荫浏：《中国古代音乐史稿》，人民音乐出版社1981年版，第289页。
② 王季烈：《螾庐曲谈》卷二第三章，商务印书馆1928年版。
③ 参见钱南扬《宋元戏文辑佚》，中华书局2009年版，第113—114页。
④ 参见钱南扬《宋元戏文辑佚》，中华书局2009年版，第224—225页。

七、"六摄十一则"的功用

以往学界对"六摄十一则"的讨论大多局限于单个曲牌。无论是"曲牌在音乐上的扩展、变化手法"①，还是"新调生成的方法与规则"②，论者似乎都未有留意如下事实：

其一，《十三调南曲音节谱》不仅在仙吕调下标举出"六摄十一则"，还特地在每个宫调下注明"六摄十一则见前仙吕调下"。这种编排方式提示我们"六摄十一则"是在每个宫调中均可发挥作用的。

其二，《十三调南曲音节谱》在列举完"十一则"后进一步说明："右已上十一则系六摄，每调皆有因。"这句话同样在提示我们"六摄十一则"是在每个宫调中均可发挥作用的。③ 其中，"因"有依靠、凭借之义。所谓"每调皆有因"当指在每个宫调中皆存在着凭借、运用"六摄十一则"的情况。

其三，《十三调南曲音节谱》的体例有如下特点：1.该谱在每调下均区分"慢词"与"近词"，两者分别相当于后世"引子"与"过曲"。2.该谱最末列出"尾声格调"十六种。3.每个宫调下皆注明与某某调出入。这三点表明《十三调南曲音节谱》是一本对于填词作曲具有指导意义的曲谱，谱中有"引子"，有"过曲"，有"尾声"，有出宫犯调的说明，填词者可根据这些要素与提示结构出一支套曲。

因此，我们可以作出如下判断："六摄十一则"可适用于每个宫调，其不仅作用于单个曲牌，在结构套曲时亦发挥着"某种"作用。

---

① （明）王骥德著，叶长海解读：《曲律》，科学出版社2020年版，第73页。
② 周维培：《曲谱研究》，江苏古籍出版社1999年版，第105页。
③ 【高平调】下的小注也特别说明："与诸调皆可出入，其调曲名皆就引各调曲名合入，不再录出，其六摄十一则皆与诸调同。"由这段文字可以看出，在《十三调南曲音节谱》的表述体系中，"调"指"宫调"，而单个曲牌则被称作"曲名"。当然，玩味"不再录出"四个字，也不能排除另一种可能性，即这段注文是蒋孝编书时后加的。如果是这种情况，那么"调"指"宫调"意味着是蒋孝的理解，聊备一说。

为了弄清是何种作用，我们还需考虑如下两点：第一，"六摄十一则"用于结构套曲，亦属于填词作曲法之一，其本质是对于作曲实践的一种理论总结。因此"六摄十一则"在曲学史上不应是一种孤立的、"纸上谈兵"式的存在，我们可通过爬梳历代的作曲实践来考察其内涵。第二，历经元明清三代，不仅有大量的作曲实践，也有不少曲家对这些实践做出了相应的理论总结。那么"六摄十一则"所指向的"某种"作用，完全有可能被冠以别的名目为其他曲家所提出。

遍观元代以降曲学文献，我们认为"六摄十一则"的作用与明人王骥德《曲律》中提到的"过搭之法"，以及清代《九宫谱定》《曲谱大成》提出的"接调""过接"大体相当。

《曲律·论过搭第二十二》设有专章讨论"过搭之法"：

> 过搭之法，杂见古人词曲中，须各宫各调，自相为次。又须看其腔之粗细，板之紧慢；前调尾与后调首要相配叶，前调板与后调板要相连属。
>
> 古每宫调皆有【赚】，取作过渡而用，缘慢词即引子止着底板，骤接过曲，血脉不贯。故【赚】曲前段皆是底板，至末二句始下实板。戏曲中已间宾白，故多不用。
>
> 诸宫调惟仙吕与双调相出入，其余界限甚严，不得陵犯。惟《十三调谱》类多出入，中商黄调以商调、黄钟二调合成，高平调与诸调皆可出入。其余各调出入，详见《十三调谱》中。或谓南曲原不配弦索，不必拘拘宫调，不知南人第取按板，然未尝不可取配弦索。又譬置目眉上，置鼻口下，亦何妨视、嗅，但不成人面部位，终非造化生人意耳。
>
> 凡一调中，有取各调一二句合成，如【六犯清音】【七犯玲珑】等曲，虽各调自有唱法，然既合为一，须唱得接贴融化，令不见痕迹乃妙。
>
> 何元朗谓：北曲大和弦是慢板，花和弦是紧板。如【中吕快活三】临了来一句放慢来，接唱【朝天子】，皆大和，又是慢板，紧慢相错，何等节奏。南曲如【锦堂月】后【侥侥令】、【念奴娇】后【古轮台】、【梁州

序】后【节节高】，一紧而不复收矣。然戏曲亦有中段却放缓唱者，不可一律论也。①

《九宫谱定·总论》分别提出了"接调"与"过接"：

> 换头者，即【前腔】首句稍多寡，以便下板接调。(《换头论》)②
>
> 凡剧到移宫换调、缓急悲欢，必须藉此（赚）曲为过接，万不可少，至于分名不必太拘。(《赚论》)③

之后《曲谱大成·总论》亦对"接调"一说作了详解：

> 接调者，接过曲之调者也。各宫调谱中，虽牌名胪列，然各按套数，次第井然。与过曲相接处，务须审其腔之粗细，板之紧慢。前曲之尾，后曲之头，要相配叶。前调之板，与后调之板要相连属。大约接调不止一曲，腔板由慢而紧，作者倘以快板曲居前，细板曲居后，便为失其伦次。今谱中自引子外，统凡接调小调赚尾，都号过曲，不分别名色，特举一以该其余尔。小调赚尾，人犹易明；接调世多不讲，须于两曲接笋处，玩其变换增减，审其音调腔拍，必如连环珠贯，与起调绝不相同。斯可以明接调之义也。④

综合上述三种文献可知，"过搭""过接""接调"（下文统称"过搭"）乃过渡、

---

① （明）王骥德著，陈多、叶长海注释：《曲律注释》，上海古籍出版社2012年版，第176页。
② （清）查继佐：《九宫谱定总论》，载俞为民、孙蓉蓉编《历代曲话汇编：新编中国古典戏曲论著集成·清代编》第一集，黄山书社2008年版，第96页。
③ （清）查继佐：《九宫谱定总论》，载俞为民、孙蓉蓉编《历代曲话汇编：新编中国古典戏曲论著集成·清代编》第一集，黄山书社2008年版，第97页。
④ 《曲谱大成·总论》，转引自李晓芹《〈曲谱大成〉稿本三种研究》，南开大学出版社2015年版，第128页。

衔接之义，其强调曲调互相配叶，不失其伦次。

由于过搭之法"杂见古人词曲中"又"世多不讲"，所以《曲律》《九宫谱定》《曲谱大成》的表述，大抵可视作从不同角度对此种方法的总结。比如《曲律》举出五种："一是曲牌本身调式、板式的相适应与相连属；二是曲牌之间的过渡；三是宫调间的'相出入'；四是'犯调'的处理；五是板眼节奏的'紧慢相错'。"① 《九宫谱定》提出通过"换头"和"赚曲"来过搭。《曲谱大成》则要求作曲者能够分别不同曲牌的"名色"，注意不同曲牌腔之粗细、板之紧慢。

《曲律》《九宫谱定》《曲谱大成》中所举出的诸多"过搭"例大体包括两类：一类是单个曲牌内部的过搭，另一类是曲牌与曲牌间的过搭。对应到"六摄十一则"，其中"摊破""二犯至七犯"即曲牌内部的过搭，"赚""赚犯""道和""傍拍"则是曲牌与曲牌间的过搭。

综上所述，"六摄十一则"在套曲中起到过搭之用，"六摄"亦即在结构套曲时起到过渡、衔接作用的六种"过搭之法"。

第四节 蒋孝及其曲谱在曲学史上的意义

以往的研究对于蒋孝及其曲谱在曲学史上的意义未有充分的认识，通过本书的研究我们认为对于蒋孝应有以下四个方面的新认识。

其一，在曲学史上蒋孝是一位探索者与开创者。

相较于北曲谱，在蒋孝之前的南曲谱一直没有受到足够的重视，即便是陈、白二氏传下来的《南九宫谱》《十三调谱》，也仅仅是目录的形式（本书称之为"调名谱"）。蒋孝是第一位尝试为这些调名辑出曲文的人，他这一举动也开创了

---

① （明）王骥德著，叶长海解读：《曲律》，科学出版社2020年版，第227页。

南曲谱的新局面,南曲谱有牌、有词的形式就是由蒋孝探索的,稍后的沈璟等人都是在沿着蒋孝所开创的道路前行。正如《南音三籁》所云:"谱不可不设,而毗陵蒋孝之功殆不可诬。"[①] 可以说,如果没有蒋孝编谱工作,南曲谱的历史或许会暗淡很多。

其二,蒋孝有其自己的曲学思想。

以往的学者都认为蒋孝并没有什么曲学思想,他的《旧编南九宫谱》似乎也只有曲文辑佚的价值。其实,蒋孝对曲学有着自己的认识。他很早就有了曲学源流意识,这点从他写的《南小令宫调谱序》"(南曲)崇尚源流不如北词之盛"等话中便能看出。同时,他也是第一位意识到了北曲有自己的曲谱传承,而南曲却没有的人,故而他率先编出《旧编南九宫谱》"以备词林之阙"。而对于陈、白二氏所传的《南九宫谱》《十三调谱》,蒋孝也有着自己的理解,他的这种理解并不以文章的形式表达,而是从他编谱的工作中体现出来。比如那些宫调以及曲调下的小注,本书认为就是蒋孝所写。这些小注一方面是对当时曲学发展情况的记录,另一方面也反映了蒋孝的曲学思想。

其三,蒋孝对曲学文献的保存有功。

《十三调谱》虽然只有调名,却保存了很多早期南曲的信息,其中有些概念到了明代中晚期,人们已经不明其义。蒋孝很清楚自己认识上的局限性,他并没有对《十三调谱》肆意加工,也没有将其率尔删除,而是在《旧编南九宫谱》中完整地保留了它的全貌,为今后的曲学研究提供了极为宝贵的材料。

其四,《旧编南九宫谱》《十三调谱》《南九宫谱》是南曲谱发展史中珍贵的资料。

无论是《旧编》还是《南九宫谱》《十三调谱》,它们在填词作曲时的参考价

---

① (明)凌濛初:《南音三籁》,载王桂秋主编《善本戏曲丛刊》第四辑第7册,台湾学生书局1984年影印本,第3页。

值虽然早已被后出的曲谱取代；但它们作为一种历史的存在，依旧有着特殊的价值。《十三调谱》所反映的是南宋至元初的曲牌宫调信息，《南九宫谱》体现的是元至明初的曲牌宫调情况，而《蒋谱》虽是以《南九宫谱》为基础，但依旧带有嘉靖时代的特点。可以说，通过这三种曲谱我们可以看到早期南曲谱的发展历史。

总之，蒋孝及其曲谱在曲学史起着承上启下的作用。蒋孝对曲学的发展以及曲谱的重要性都有着自己的理解与认识。同时，他也以较为实事求是的态度编辑并保存陈、白二氏所传的两本曲谱。因蒋孝而留存至今的这些曲谱，对曲谱发展史以及曲学研究来说都是不可多得的宝贵资料，其在曲学史上的功绩值得我们肯定与重视。

结　语

本书围绕蒋孝展开研究，内容包括其生平、交游、著作、诗学主张、书籍刊刻以及曲谱《旧编南九宫谱》、曲集《新编南九宫词》等情况，肯定了蒋孝的贡献，明确指出他在曲学史上是一位探索者与开创者。本书在研究中解决了以下一些主要问题：

第一，蒋孝的生平事迹在曲学史上久已湮没无闻，本书通过爬梳史料首次明确了他的生年，并且尽可能详细地考察了他科举、仕宦、编刻书籍等经历。

第二，以往的曲学研究只关注蒋孝与曲学有关的一面，并不留意蒋孝是否还有其他诗文著作存世，本书则在《国雅》中发现了蒋孝的九首诗作。而其他研究领域——比如文献学——只把蒋孝当作一般的出版家、藏书家来著录，讲到蒋孝时往往一笔带过，本书则注意他具体做了哪些工作，编刻了哪些书籍。并且，本书还将他的诗歌创作、出版情况置于中晚明特定的时代背景中加以考察，以便更好地帮助我们认识和理解蒋孝其人。

第三，关于蒋孝的曲学著作，以往学界只知道他编有《旧编南九宫谱》一书，本书首次明确了《新编南九宫词》的编者亦是蒋孝。继而在此基础上将《旧编》《新编》加以综合考察，遍查各种书目题跋，梳理清楚了两书的版本、庋藏、渊源授受关系。

第四，蒋孝是否懂得曲学，是否有曲论文字留存，以往学界的观点也较为模糊。本书首先从"史源学"的角度，考察了他编纂曲谱、曲集所依据的资料，进而认为蒋孝的曲学思想蕴藏在其所编的《旧编》《新编》之中，并且特别指出了《旧编》目录下的小注便是蒋孝所写，通过这些小注我们可以了解蒋孝的曲学思想。

第五，保存在《旧编南九宫谱》中的《十三调南曲音节谱》是一份十分珍贵的曲学资料，本书认为它成谱于元代初年，反映了早期南曲的调名、宫调情况。另外，《十三调南曲音节谱》中所提及的"六摄十一则"究竟有何意义与作用，向来是一个难点，本书全面解释了"六摄"的意义，并认为"六摄十一则"是在结构套曲时起到过渡、衔接作用的六种"过搭之法"。

总之，本书对相关史料做了最大可能的开掘，也得出了一些新的结论与观点。不过尚有一些关键性的材料——比如蒋孝的家谱、他更多散佚的诗文等——未能找到。由于蒋孝的家境殷实、交友广泛，又是进士出身，上述这些材料至少在历史上一定存在过，如果它们仍在世间，有朝一日或能重见天日，那时关于蒋孝的研究无疑会更进一步。

参考文献

一、古籍

[1]（汉）许慎:《说文解字》,中华书局1963年版。

[2]（晋）陶潜:《陶靖节集》,上海图书馆藏明嘉靖二十五年(1546)刻本。

[3]（唐）崔令钦:《教坊记》,中华书局2012年版。

[4]（宋）四水潜夫辑:《武林旧事》,浙江人民出版社1984年版。

[5]（宋）曾敏行:《独醒杂志》,上海古籍出版社1986年版。

[6]（元）周德清:《中原音韵》,中华书局2013年版。

[7]（元）姚桐寿:《乐郊私语》,上海古籍出版社2012年版。

[8]（明）蒋孝:《旧编南九宫谱》,南京图书馆藏明嘉靖二十八年(1549)三径草堂刊本。

[9]（明）蒋孝:《旧编南九宫谱》,台北故宫博物院藏明万历二十二年(1594)何钫翻刻三径草堂刊本。

[10]（明）蒋孝:《新编南九宫谱》,明刊本,民国十九年(1930)庚午长乐郑氏景印。

[11]（明）蒋孝编:《中唐十二家诗集》,上海图书馆藏明嘉靖二十九年(1550)刻本。

[12]（明）沈璟:《增定南九宫曲谱》明刻本,载《善本戏曲丛刊》第三辑,台湾学生书局1984年影印本。

[13]（明）程敏政:《篁墩程先生文集》,上海图书馆藏明正德二年(1507)刻本。

[14]（明）邹守愚:《俟知堂集》,上海图书馆藏明嘉靖三十二年(1553)刻本。

[15]（明）雷礼：《皇明大政纪》，明万历三十年（1602）博古堂刻本，《续修四库全书》，史部，第345册，上海古籍出版社2002年影印本。

[16]（明）孙旬：《皇明疏钞》，明万历十二年（1584）自刻本，《续修四库全书》，史部，第464册，上海古籍出版社2002年影印本。

[17]（明）何良俊：《四友斋丛说》整理本，中华书局1959年版。

[18]（明）顾起纶辑：《国雅·续国雅·国雅品》，明万历顾氏奇字斋刻本，《四库全书存目丛书补编》，第15册，齐鲁书社1997年影印本。

[19]（明）顾起元：《客座赘语》整理本，中华书局1987年版。

[20]（明）李诩：《戒庵老人漫笔》整理本，中华书局1982年版。

[21]（明）朱权：《太和正音谱》整理本，中华书局2010年版。

[22]（明）胡应麟：《少室山房笔丛》整理本，上海书店出版社2009年版。

[23]（明）田汝成辑撰：《西湖游览志余》，上海古籍出版社1998年版。

[24]（明）王骥德著，陈多、叶长海注释：《曲律注释》，上海古籍出版社2012年版。

[25]（明）张禄：《词林摘艳》，明嘉靖四年（1525）刻本，《续修四库全书》，上海古籍出版社2002年影印本。

[26]（明）无名氏：《盛世新声》，明正德十二年（1517）刊本，文学古籍刊行社1955年版。

[27]《嘉靖二十三年登进士科录》，载《明代史籍汇刊·明代登科录汇编》（十），台湾学生书局1969年版。

[28]《明世宗实录》明红格钞本，台湾"中央研究院"历史语言研究所校印，1967年版。

[29]（明）张朝瑞：《皇明贡举考》，明万历间刻本，《续修四库全书》，史部，第828册，上海古籍出版社2002年影印本。

[30]（明）王永积：《锡山景物略》卷十，《四库全书存目丛书》，齐鲁书社1996年影印本，史部，第234册。

[31]（明）俞宪：《皇明进士登科考》，载《明代史籍汇刊·明代登科录汇编》，台湾学生书局1969年影印本。

[32]《明清历科进士题名碑录》，台湾华文书局1969年版。

[33]《重修常州府志》,南京图书馆藏万历四十六年(1618)刻本。

[34]《无锡金匮县志》,清光绪七年(1881)刻本,《中国地方志集成·江苏府县志辑》24,江苏古籍出版社1991年影印本。

[35]《江西通志》,光绪七年(1881)刻本,《续修四库全书》,史部,656册,上海古籍出版社2002年影印本。

[36](清)李斗:《扬州画舫录》,中华书局1960年版。

[37](清)永瑢等:《四库全书总目》影印本,中华书局1965年版。

[38](清)张廷玉等:《明史》,中华书局1974年版。

[39]《古本戏曲丛刊》初集,文学古籍刊印社1954年版。

[40]《古本戏曲丛刊》二集,文学古籍刊印社1955年版。

[41]《古本戏曲丛刊》三集,文学古籍刊印社1957年版。

[42]《古本戏曲丛刊》四集,商务印书馆1958年版。

[43]王桂秋主编:《善本戏曲丛刊》第三辑,台湾学生书局1984年影印本。

[44]谢伯阳编:《全明散曲》,齐鲁书社1994年版。

二、专著

[1]钱南扬:《宋元南戏百一录》,哈佛燕京学社1934年版。

[2][日]青木正儿:《中国近世戏曲史》,王古鲁译述,商务印书馆1936年版。

[3]钱南扬辑录:《宋元戏文辑佚》,上海古典文学出版社1956年版。

[4]陈建华:《中国江浙地区十四至十七世纪社会意识与文学》,学林出版社1992年版。

[5]武俊达:《昆曲唱腔研究》,人民音乐出版社1993年版。

[6]昆曲曲牌及套数范例集(南套)编写组编著:《昆曲曲牌及套数范例集》(南套),上海文艺出版社1994年版。

[7]周维培:《曲谱研究》,江苏古籍出版社1999年版。

[8]刘崇德校译:《新定九宫大成南北词宫谱校译》,天津古籍出版社1998年版。

[9]王国维:《宋元戏曲史》,上海古籍出版社1998年版。

[10] 杨栋:《中国散曲学史研究》(续篇),山东大学出版社1998年版。

[11] 郑西村:《昆曲音乐与填词》(甲乙稿),台湾学海出版社2000年版。

[12] 孙崇涛:《南戏论丛》,中华书局2001年版。

[13] 杨荫浏:《中国古代音乐史稿》,人民音乐出版社2004年版。

[14] 郑振铎:《西谛书话》,生活·读书·新知三联书店2005年版。

[15] 王耀华等:《中国传统乐谱学》,福建教育出版社2006年版。

[16] 刘健华主编:《崇安名胜史话》,山东画报出版社2006年版。

[17] 陈维昭:《20世纪中国古代文学研究史》,东方出版中心2006年版。

[18] [英]崔瑞德、[美]牟复礼编:《剑桥中国明代史》,杨品泉等译,中国社会科学出版社2006年版。

[19] 中国艺术研究院音乐研究所编:《黄翔鹏文存》,山东文艺出版社2007年版。

[20] 王毓铨主编:《中国经济通史·明》,经济日报出版社2007年版。

[21] 方志远:《明代国家权力结构及运行机制》,科学出版社2008年版。

[22] 王永宽主编:《中国戏曲通鉴》,中州古籍出版社2008年版。

[23] 郭培贵:《明代科举史事编年考证》,科学出版社2008年版。

[24] 谷衍奎:《汉字源流字典》,语文出版社2008年版。

[25] 余来明:《嘉靖前期诗坛研究(1522—1550)》,武汉大学出版社2009年版。

[26] 王光祈:《王光祈音乐论著选集》,人民音乐出版社2009年版。

[27] 钱南扬:《汉上宦文存续编》,中华书局2009年版。

[28] 王传飞:《相和歌辞研究》,北京大学出版社2009年版。

[29] 马汉钦:《明代诗歌总集与选集研究》,哈尔滨工程大学出版社2009年版。

[30] 黄仕忠:《日藏中国戏曲文献综录》,广西师范大学出版社2010年版。

[31] 吴熊和:《唐宋词通论》,上海古籍出版社2010年版。

[32] 陶敏:《唐代文学与文献论集》,中华书局2010年版。

[33] 章培恒、骆玉明主编:《中国文学史新著》(增订本·第二版),复旦大学出版社2011年版。

[34] 黄仕忠:《日本所藏中国戏曲文献研究》,高等教育出版社2011年版。

[35] 李剑农:《中国古代经济史稿(下)》,武汉大学出版社2011年版。

[36]陆华:《明代散曲用韵研究》,上海教育出版社2011年版。

[37][日]乔秀岩:《北京读经说记》,台湾万卷楼图书股份有限公司2013年版。

[38]任唤麟:《明代旅游地理研究》,中国科学技术大学出版社2013年版。

[39]郑孟津:《词曲通解》,上海古籍出版社2014年版。

[40]郑志良:《明清戏曲文学与文献探考》,中华书局2014年版。

[41]李晓:《昆曲文学概论》,上海文化出版社2014年版。

[42]白宁:《燕南芝庵〈唱论〉研究》,人民音乐出版社2014年版。

[43]龙建国疏证:《〈唱论〉疏证》,江西教育出版社2015年版。

[44]郭立暄:《中国古籍原刻翻刻与初印后印研究》,中西书局2015年版。

[45]乔秀岩、叶纯芳:《文献学读书记》,生活·读书·新知三联书店2018年版。

[46]陈先行:《古籍善本》(修订版),上海人民出版社2020年版。

三、学术期刊

[1]孙玄龄:《带过曲辨析》,《中国音乐学》1986年第4期。

[2]胡忌:《论南戏曲牌中慢、近两体》,《中国南戏》,中国戏剧出版社1988年版。

[3]黄仕忠:《〈九宫十三调曲谱〉考》,《中华戏曲》第21辑,山西古籍出版社1998年版。

[4]吴书荫:《〈浣纱记〉版本概述》,《面向二十一世纪:中外文化的冲突与融合学术研讨会论文集》,1998年。

[5]洛地:《"腔"、"调"辨说》,《中国音乐》1998年第4期。

[6]邱仲麟:《耆年冠带——关于明代"寿官"的考察》,《台大历史学报》2000年第26期。

[7]周振鹤:《从明人文集看晚明旅游风气及其与地理学的关系》,《复旦学报(社会科学版)》2005年第1期。

[8]洛地:《犯》,《中国音乐》2005年第4期。

[9]杨焄:《明刻本〈六朝诗集〉编纂考》,《上海大学学报(社会科学版)》2007年第5期。

［10］张春国：《〈诚斋乐府〉是朱有燉的散曲集而非杂剧集》，《文献》2008年第3期。

［11］艾立中：《"声依永"和"永依声"——魏良辅和沈宠绥的曲唱理念及其渊源》，《光明日报》2009年1月3日。

［12］李治安：《两个南北朝与中古以来的历史发展线索》，《文史哲》2009年第6期。

［13］廖秀芬：《合生的发展及其表演之探究》，《中国俗文化研究》2015年第1期。

［14］赵山林：《试论〈草堂诗余〉在明代的流传及词曲沟通的趋势》，《文艺理论研究》2010年第4期。

［15］郑祖襄：《北、南曲笛上宫调演变考析》，《文化艺术研究》2012年第1期。

［16］陈洛嘉：《国家图书馆藏辛卯本〈雍熙乐府〉考》，（台湾）《"国家图书馆"馆刊》2012年第1期。

［17］李景文：《"互著""别裁"起源时间考辨：读王重民先生〈校雠通义通解〉》，《图书情报工作》2012年第7期。

［18］袁玉冰：《昆曲曲牌"主腔说"之辨》，《戏剧学》第1辑，文化艺术出版社2014年版。

［19］朱夏君：《论王季烈的曲谱编订》，《曲学》2014年第1期。

［20］魏洪洲：《陈、白二氏〈九宫谱〉〈十三调谱〉考原》，《社会科学辑刊》2015年第2期。

［21］毋丹：《古代曲论与曲谱中"摄""则"新辨》，《戏曲艺术》2020年第4期。

四、辞书

［1］中国艺术研究院音乐研究所、《中国音乐词典》编辑部编：《中国音乐词典》，人民音乐出版社1985年版。

［2］齐森华、陈多、叶长海主编：《中国曲学大辞典》，浙江教育出版社1997年版。

［3］吴新雷主编：《中国昆剧大辞典》，南京大学出版社2002年版。

［4］洪惟助主编：《昆曲辞典》，台湾"传统艺术中心"2002年版。

［5］吕宗力主编：《中国历代官制大辞典》（修订版），商务印书馆2015年版。

五、学位论文

[1]黄文敬:《明嘉靖时期的文人与党争》,硕士学位论文,浙江大学,2012年。

[2]伍三土:《宋词音乐专题研究》,博士学位论文,扬州大学,2013年。

[3]魏洪洲:《明清戏曲格律谱研究》,博士学位论文,黑龙江大学,2015年。

[4]王倩:《蒋孝〈旧编南九宫谱〉研究》,硕士学位论文,扬州大学,2021年。

六、论文集

[1]罗宗强、陈洪主编:《明代文学研究国际学术研讨会论文集》,南开大学出版社2006年版。

[2]陈支平、万明主编:《明朝在中国史上的地位》,天津古籍出版社2011年版。

[3]叶长海主编:《曲学》第二卷,上海古籍出版社2014年版。